北京城市副中心考古

第一辑

北京市文物局
北京城市副中心行政办公区工程建设办公室
北京市文物研究所
编著

科学出版社
北京

内 容 简 介

北京城市副中心建设是千年大计，国家大事。2016 年至 2017 年，为了配合北京城市副中心的建设，落实习总书记对文物保护的重要指示，以及北京市委、市政府的要求，在北京市文物局的支持下，北京市文物研究所在副中心行政办公区内进行了全面的考古工作。完成勘探面积 440 余万平方米，发掘面积 9.9 万平方米。发现汉代城址一座（路县故城），发掘战国至明清时期墓葬 3000 余座、古窑址 120 座、灰坑 934 座、房址 31 座、水井 130 口、道路 19 条等等，出土文物 1.2 万余件（套）。本书对 2016 年至 2017 年两年来北京城市副中心的考古工作进行了回顾、介绍和总结，将一些典型的、重要的遗迹、墓葬和代表性的器物进行了公布，图文并茂，资料翔实。

本书适合考古、文物、历史、城市规划等领域的专业人员以及高等院校相关专业的师生阅读和参考。

图书在版编目（CIP）数据

北京城市副中心考古. 第一辑 / 北京市文物局, 北京城市副中心行政办公区工程建设办公室, 北京市文物研究所编著. — 北京 : 科学出版社, 2018.11

ISBN 978-7-03-059220-0

Ⅰ. ①北… Ⅱ. ①北… ②北… ③北… Ⅲ. ①古城遗址（考古）- 概况 - 通州区 Ⅳ. ①K878.3

中国版本图书馆CIP数据核字（2018）第244290号

责任编辑：闫向东　吴书雷 / 责任校对：邹慧卿
责任印制：肖　兴 / 书籍设计：北京美光设计制版有限公司

科学出版社 出版
北京东黄城根北街16号
邮政编码：100717
http://www.sciencep.com

北京华联印刷有限公司 印刷
科学出版社发行　各地新华书店经销

*

2018年11月第　一　版　　开本：889 × 1194　1/16
2018年11月第一次印刷　　印张：17　1/2
字数：490 000

定价：380.00元

（如有印装质量问题，我社负责调换）

序言

北京城市副中心建设是党中央做出的重大战略部署，这一建设坚持“世界眼光、国际标准、中国特色、高点定位”，这里的“中国特色”就是要把北京城市副中心建成与古都北京历史风貌保持一致，因此在北京城市副中心建设中历史文化遗产的保护是其十分重要的工作，而作为遗址类文化遗产保护，尤其是古代城址保护的科学基础就是田野考古工作，而“田野考古工作”的“全过程”则是考古调查、勘探、发掘、研究、保护。

基于上述原因，北京市文物研究所承担了北京城市副中心建设中的历史文化遗产的考古工作。北京城市副中心建设所在地曾经是两千多年前的西汉路县，东汉路县更名潞县。唐代以后，潞县县治西迁至今通州城区，此后这里直至清代，成为人们的村庄。

2016年2月北京市文物研究所开始了路县故城遗址的考古调查、勘探、发掘与保护工作，他们倾全所之力，并得到河北、山西、天津、内蒙古、河南（洛阳）、浙江（宁波）、甘肃与西北大学、山西大学等单位考古工作者的大力支持。“北京城市副中心”顾名思义是首都北京的“副中心”，首都的“事”是国家的“事”，国家的“事”举国关心、协同攻关理所当然。

即将付梓的《北京城市副中心考古工作成果（2016～2017年）》是2016年2月26日至2017年11月期间北京城市副中心建设考古工作的阶段性考古发现与研究成果。其间参加这一项目的人员门类齐全、阵容强大，其中勘探技工600～1300人，发掘技工100～180人，发掘工人400～900人。在不到两年时间，他们在路县故城遗址钻探440万平方米，发掘9万平方米，清理古墓葬约3000座，发掘古窑址120座、灰坑900座、水井130眼，究明汉代城址1座。我上面列举的一连串数字，是在不到两年时间的工作量，这在考古学界业内是个令人十分震惊的数字，不要说一个项目，一个地区，甚至多个省、直辖市、自治区的同时间的“工作量”也是与之很难相比的。

配合北京城市副中心路县故城遗址的田野考古，工作进度时间很紧，工作量很大，遗址涉及城址、墓葬、窑址等遗存内容众多，遗址从战国秦汉至元明清时间跨度较长，考古学文化面貌复杂。但是从本书之中我们可以清晰看到，北京市文物研究所能够在这样一项重大考古工作任务中，由于北京市领导十分重视、北京市文物研究所科学实施、统领全局、安排有序，使路县故城文化遗产的考古调查、勘探、发掘与保护工作顺利开展，取得重大成绩。

现在北京市文物研究所已经基本究明了两千多年前的路县故城遗址地望、城址基本规模与形制及相关考古学文化内涵。路县故城位于北京市通州区潞城镇古城村。城址平面近方形，周筑城墙，城墙夯筑，墙基宽18米，墙体宽13～15米。现存东西南北城墙长分别为589米、555米、575米、606米，按照城墙保存较好的北城墙长606米与东城墙589米计算，城墙周长约为2400米左右，面积35万平方米。汉代城墙之外20～30米置城壕，城壕宽约30米。

以城址为核心，他们通过大量田野考古工作，又发现了城址以外周围80万平方米范围之内，普遍存在着汉代文化遗存，从而对汉代路县城址有了更为全面、深刻地了解、认识。

根据《汉书·地理志》记载，西汉时代有“县级”城市约1587座，各地考古发现的战国秦汉城址621座[1]，但是类似路县故城遗址考古工作取得如此进展的却极为少见。这在汉代乃至古代“县级”城址考古中，是十分突出的。

从已经考古发现的非郡国治所的一般汉代城址来看，其城址周长在2500米之内[2]，它们大多数分布在汉王朝北部，路县就在渔阳郡，而路县故城则是这类城址之中规模较大者。路县故城平面近方形。路县故城城墙、城壕规模、体量也是比较突出的，其城墙底部略宽于汉长安城城墙的16米，城墙上部宽二者几乎相近。其城壕与城墙距离及其宽度均是同类城址中规制较高的。路县的墓区在县城东部与东南部，这也与汉长安城的一般墓地分布位置基本相同。上述诸多方面显示着其与王朝中心地区城市平面形制、布局的一致性。

由于特殊的区位，作为汉唐至明清时代以来的路县故城一带（东汉及以后更名的潞县），考古发掘的其城市居民的墓葬资料，学术意义至关重要。从路县故城东部与东南部考古发掘的1800余座战国秦汉至明清时期的墓葬来看，它们充分反映了两千多年来长城地带的中原农耕族群与北方草原游牧族群之间的文化交流及文化面貌上的一体性，再现了中华民族“多元一体”的“中和”文化特色，凸显了从“多元”到“一体”的中华民族的文化认同。

由于北京城市副中心建设考古工作取得的重要学术成果，该项目被评为“2016年度全国十大考古新发现”。可以说，现在北京城市副中心建设考古工作已经取得的科研成果，为把北京城市副中心建设成“古今同辉的人文城市”提供了科学支撑。在此，我对北京市文物研究所及全体奋斗在北京城市副中心建设的田野考古第一线的同志们，表示由衷的祝贺！

刘庆柱

2018年5月1日

[1] 徐龙国：《秦汉城邑考古学研究》，中国社会科学出版社，2013年，第427～476页。

[2] 刘庆柱：《汉代城址的考古发现与研究》，刘庆柱《古代都城与帝陵考古学研究》，科学出版社，2000年。

目录

第一章

工作概况

北京
城市副中心考古
第一辑

北京城市副中心（以下简称“副中心”）的规划和建设是党中央作出的重大战略部署，是国之大事、千年大计，不仅决定着首都和北京的未来与发展，也关乎全国城市的规划和建设。

副中心从规划、到建设、到管理，始终以“世界眼光、国际标准、中国特色、高点定位”的要求实施和推进。其中，“打造古今同辉的人文城市”是副中心规划和建设中的一大特色。也就是说，文物保护是副中心规划和建设的重要组成部分。而地下文物保护工作又是当中的重中之重。

在北京市市委、政府的统筹和支持下，为做好副中心占地范围内的地下文物保护工作，北京市文物局和北京城市副中心行政办公区工程建设办公室依据《中华人民共和国文物保护法》《北京市实施〈中华人民共和国文物保护法〉办法》《北京市地下文物保护管理办法》等有关规定，委托北京市文物研究所（以下简称“文研所”）负责实施该项目的文物保护工作。

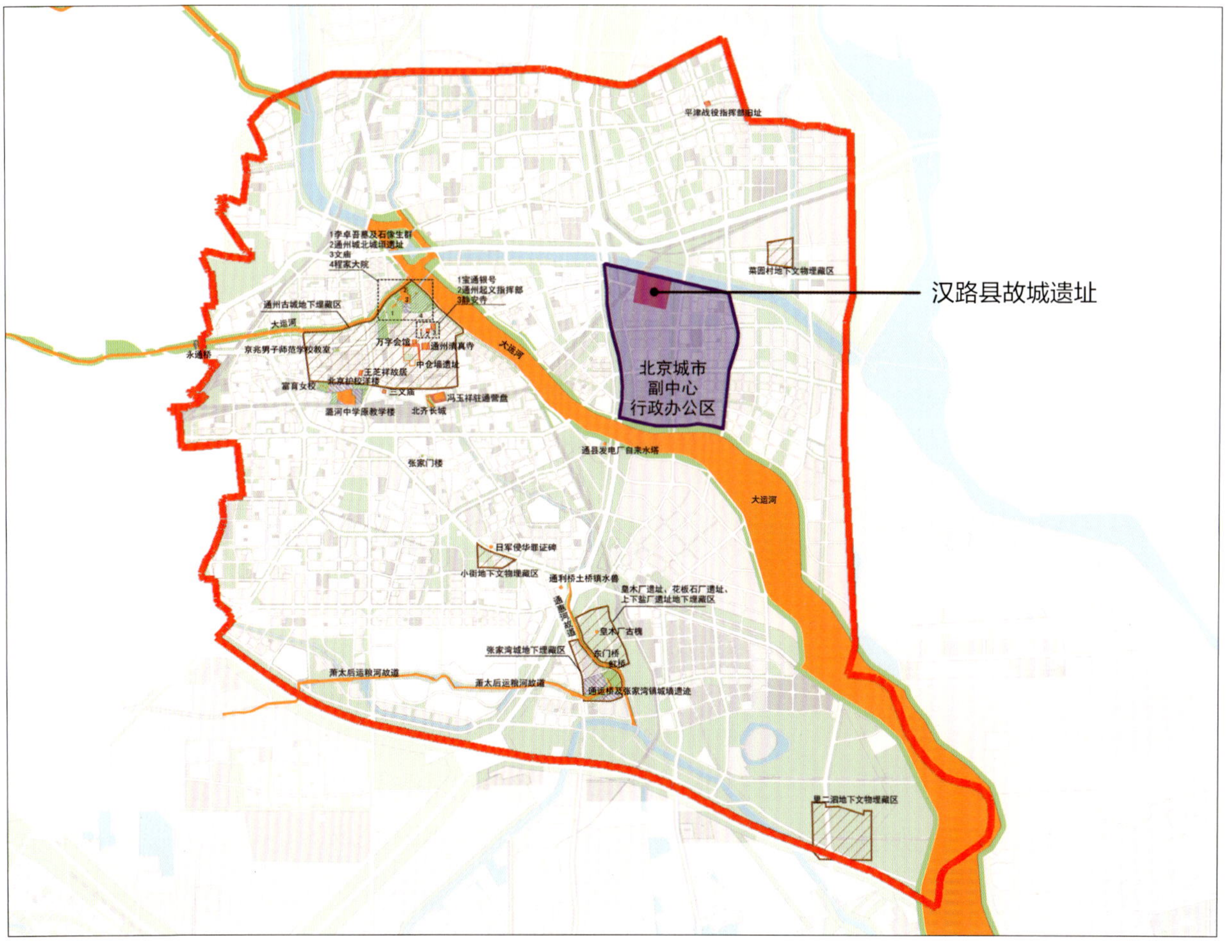

北京城市副中心区位示意图

一、考古工作的组织与实施

为确保高质量、高水平完成任务，以实际行动支持副中心的建设，文研所从组建队伍、加强管理、健全制度、规范技术、统一思想、保障安全等多个方面予以实施。

（一）组建考古队

首先，文研所从本单位挑选出了多名具有丰富田野考古实践经验的考古领队。可以说，这些考古领队见多识广，专业技术过硬，并且吃苦耐劳，具有很强的责任心和担当力。

其次，文研所组织河北省文物研究所、山西省考古研究所、天津市文化遗产保护中心、洛阳市文物考古研究院、内蒙古自治区文物考古研究所、宁波市文物考古研究所、甘肃省文物考古研究所、西北大学、山西大学共9家具有考古团体领队资质的单位，协同开展考古工作。

第三，在众多的考古工作人员中，除了考古领队，还有文物保护、科技考古、历史学、古代建筑等方面的专业人员。

第四，为保证考古工作现场古代遗存、出土文物以及出土文物存放、整理的安全，专门组建了安全保卫队伍。

文研所和9家考古资质单位的考古领队共同合作，带领着有着丰富实践经验的考古勘探技工、发掘技工和发掘工人，进行了相应的考古勘探和发掘工作。2016年2月26日至2017年11月，文研所考古负责人基本稳定在8名，最多的时候可达10余名；勘探技工基本稳定在600名左右，最多的时候则达到1300余名；发掘技工基本稳定在100人左右，最多的时候则达到180余名；发掘工人基本稳定在400人左右，最多的时候则达到900余名。

在副中心的地下文物保护工作中，为了做到有效管理、职责明确、落实到位，文研所专门成立了一支考古工作队，并有着明确的统筹和分工。

总指挥、所长白岩：负责副中心文物保护工作的全面实施和推进。

副总指挥、副所长郭京宁：负责各项工作的协调、推进与落实。

考古队长、领队尚珩：负责与上级部门的联系，各考古工地的协调和业务交流，考古资料的管理和出土文物的保护，工作报告和考古发掘报告的编写。负责考古工地现场的发掘，出土文物的安全和相关资料记录的移交工作。

考古副队长、领队曾祥江：负责考古勘探和发掘技工、民工队伍的调配、管理。负责考古工地现场的发掘，出土文物的安全和相关资料记录的移交工作。负责工作报告和考古发掘报告的编写。

考古副队长刘风亮：负责与建设单位的联系、协调与沟通。负责与工程有关文件的收发。

考古领队孙勐：负责考古勘探和发掘，负责工作报告和考古发掘报告的编写。

资料管理队长孙峥：负责考古勘探和发掘资料的管理，出土文物的交接等。

文物保护队长董育纲：负责考古现场和室内文物保护工作。

科技考古队长金和天：负责考古现场取

样、样品的科技分析与研究。

安全保卫队长王建东：负责工地现场的安全保卫。

（二）规范管理

1. 健全制度

文研所专门制定了副中心考古工作的制度。有技术方面的制度，有人员生活方面的制度，有工作现场的制度，有安全保卫方面的制度。这些制度对考古工作、技术标准、文物安全等有着严格的规定。

2. 规范技术

为确保考古现场勘探、发掘、记录等操作环节的规范性和准确性，文研所根据国家文物局编制的《田野考古工作规程》，并结合北京地区考古的实践，制定了相应的技术规范，分发到每一名考古工作者手中，并进行了集中的学习和培训，确保副中心考古工作科学、有序开展。

中华人民共和国
考古发掘证照

考执字（2016）第306号

发掘单位：北京市文物研究所

发掘内容：北京市通州区潞城镇棚户区改造土地一级开发项目建设工程工地遗址

发掘面积：4800平方米

发掘时间：2016年4月至5月

发掘领队：郭京宁

2016年4月21日

二、考古工作的收获与成果

（一）考古勘探

2016年至2017年，完成了440余万平方米的勘探任务，发现汉代城址1座、战国至清代墓葬3000余座、汉唐时期的窑址120余座、灰坑900余座、水井130口、道路30余条。

1

2

（二）考古发掘

完成考古发掘面积9万多平方米，墓葬3000余座，各种遗迹1000余处等。对上述勘探中发现的所有遗迹和墓葬全部进行了正式考古发掘。在现场对发掘出的遗迹、墓葬进行了测量、绘图、照相等，对出土文物进行及时、合理地处置。同时，从技术上和人员上保证了现场遗迹、墓葬和文物的安全。

1 考古勘探
2 勘探现场
3 集合队伍
4 安保动员
5 认真清理
6 辨认遗迹

1 考古发掘
2 标示遗迹
3 器物清理
4 器物清理
5 清理遗迹

6 清理古井
7 平整现场
8 RTK测绘
9 现场绘图

6

7

8

9

（三）出土文物

对于出土的器物，稳妥、安全地运到室内后，首先要进行清洗，然后拼对、修复、绘图、拓片、照相等。

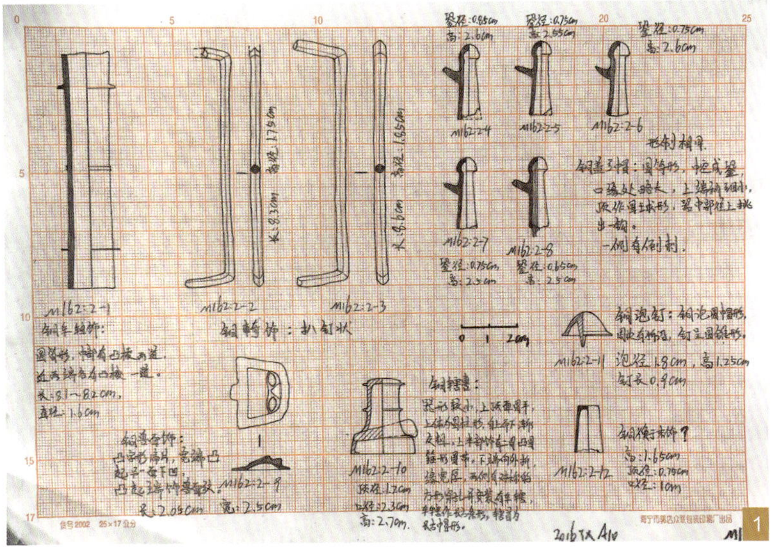

1 器物底图
2 室内绘图
3 墓志拓片
4 彩绘陶器的现场保护
5 铜器的现场保护
6 瓮棺现场提取
7 制作三维模型

（四）文物保护与科技考古

在考古发掘过程中和结束后，针对发现的遗迹、墓葬、器物、土层等，进行及时的现场文物保护并开展相关的科技考古工作。对出土的人骨、兽骨和植物遗存，进行采集、鉴定和分析。对地层土壤样品进行浮选，对其中的孢粉、植硅石、粒度等测试，进行光释光年代学测试。对出土的器物进行成分、结构、残留物等方面的测试。对重要的墓葬、遗迹进行三维建模，生成立体全景图像。

4

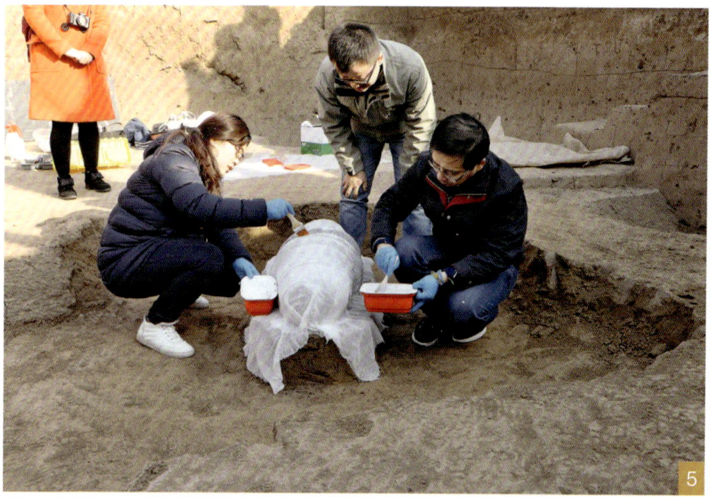
5

6

7

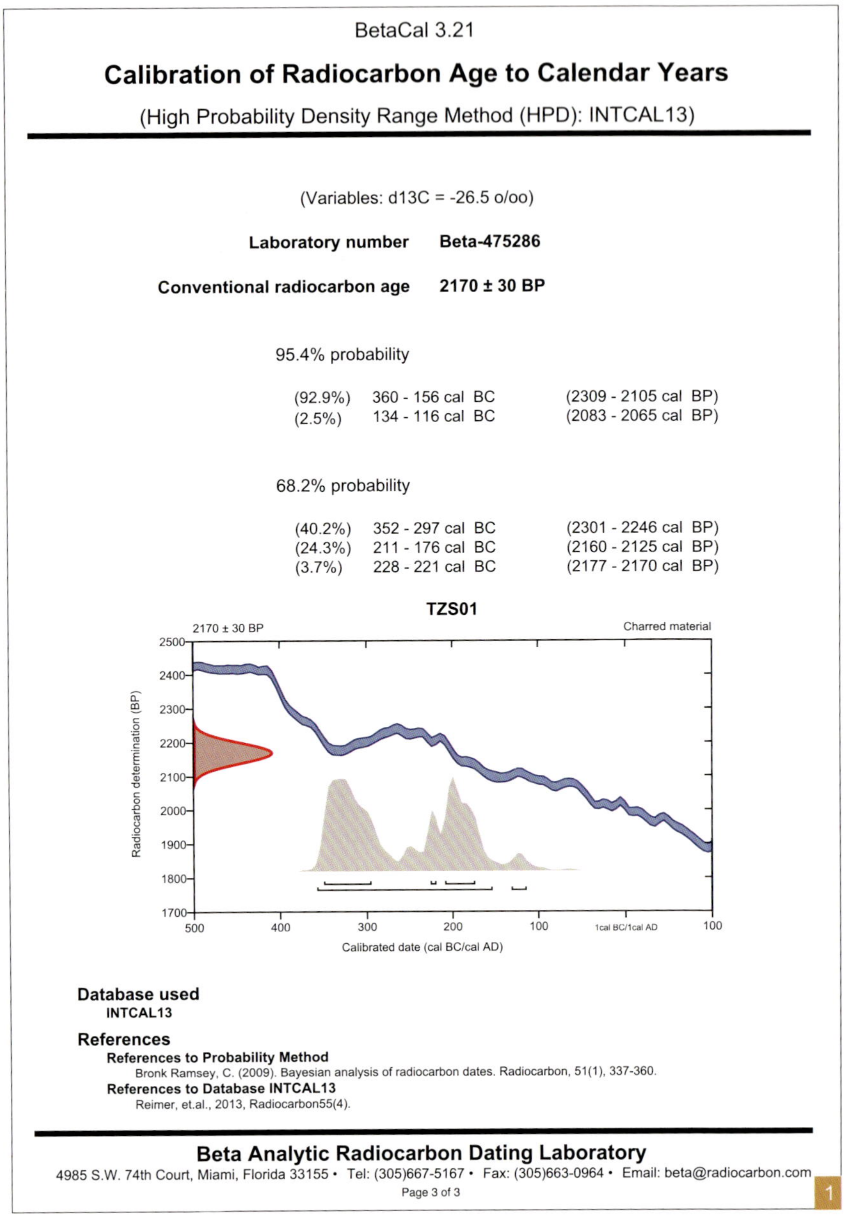

BetaCal 3.21

Calibration of Radiocarbon Age to Calendar Years

(High Probability Density Range Method (HPD): INTCAL13)

(Variables: d13C = -26.5 o/oo)

Laboratory number **Beta-475286**

Conventional radiocarbon age **2170 ± 30 BP**

95.4% probability

(92.9%)	360 - 156 cal BC	(2309 - 2105 cal BP)
(2.5%)	134 - 116 cal BC	(2083 - 2065 cal BP)

68.2% probability

(40.2%)	352 - 297 cal BC	(2301 - 2246 cal BP)
(24.3%)	211 - 176 cal BC	(2160 - 2125 cal BP)
(3.7%)	228 - 221 cal BC	(2177 - 2170 cal BP)

Database used
INTCAL13

References
References to Probability Method
Bronk Ramsey, C. (2009). Bayesian analysis of radiocarbon dates. Radiocarbon, 51(1), 337-360.
References to Database INTCAL13
Reimer, et.al., 2013, Radiocarbon55(4).

Beta Analytic Radiocarbon Dating Laboratory
4985 S.W. 74th Court, Miami, Florida 33155 • Tel: (305)667-5167 • Fax: (305)663-0964 • Email: beta@radiocarbon.com
Page 3 of 3

1 碳化植物种子检测报告
2 井中提取土样
3 房址中植物种子取样
4 套箱存放
5 发掘区的三维模型

3

4

5

1 探方的三维模型

2 2017TLA3T1052探方和遗迹的平、剖面模型

（五）专家指导

在考古发掘过程中和发掘结束后，文研所都要聘请业内相关领域的一流专家，进行实地考察，听取工作汇报，开展深入指导。专家均来自中国社会科学院考古研究所、中国国家博物馆、中国文化遗产研究院、北京大学、中国人民大学等科研机构和大学。专家检查、参与并指导的机制，对于副中心考古工作的深入开展、不断完善具有很大的帮助，同时对于考古人员自身专业技能、方法、意识和理念等全方位的提高也具有很大的帮助。

1 现场指导
2 实地调研
3 专家验收

2

1

3

三、考古工作的意义与社会影响

副中心的地下文物保护工作是落实习近平总书记对文物保护工作、传承优秀传统文化重要指示的具体体现。

地下文物保护工作是副中心建设的重要组成部分，并且与工程建设相互支持、协调配合，成为副中心的“金名片”。

副中心的地下文物保护工作是贯彻《中华人民共和国文物保护法》、践行《北京市地下文物保护管理办法》的实践。

副中心的地下文物保护工作以现实使命和历史使命为己任，将历史元素融入城市建设发展中，使历史文化传承与副中心建设交相辉映，实现了历史与现实、考古与工程的和谐与共赢。

副中心的地下文物保护工作，在《北京日报》《光明日报》《中国文物报》和“新华网”等网络媒体进行了报道，在北京电视台《这里是北京》进行了播放，让社会和公众及时、全面地了解了北京的文物保护成果，弘扬了历史文化。

副中心的地下文物保护工作，成为北京市许多机关单位、大专院校学习、交流、考察的重要对象。

2017年2月28日　专题　中国文物报　3

北京城市副中心的“金名片”

——通州汉代路县故城遗址考古发掘取得重大收获

北京市文物研究所　通州区文化委员会

◆ 发现保存完整、时代明确的汉代路县故城城址，是迄今通州区发现最早的汉代城址。
◆ 对了解中国西汉县城的规模、布局、聚落形态、生业模式有着重要意义。
◆ 城址周边发掘战国至清代墓葬1146座及大量窑址等遗迹，是研究两汉时期考古学文化的重要资料。
◆ 北京市已启动对路县故城保护规划的编制，将对城址实施整体保护，并建设考古遗址公园。

一、汉代路县故城城址

北京通州汉代路县故城遗址专家点评

二、城址外的墓葬群

三、文物保护与科技考古

四、汉代路县故城遗址的价值

2017年2月28日《中国文物报》

对外学习基地

第二章

路县故城城址

北京

城市副中心考古

第一辑

路县故城是迄今发现的通州区最早的古城，是通州区的建城之始，是追寻与探索通州历史和古代文化面貌的一处非常重要的大遗址。

一、地理位置

路县故城城址位于通州区潞城镇的古城村，西北为京秦铁路，东临胡各庄村，北有运潮减河流过，南以玉带河大街为界。

二、历史沿革

据《汉书》《水经注》《后汉书》等史料记载，路县设置于西汉初年，治所位于今潞城镇古城村东北，属渔阳郡；王莽改为通路亭，隶属于通路郡；东汉建武元年（25年），废莽新所改，因县城西守鲍丘水、沽水（今称潮河、白河），并改“路”为“潞”，始称潞县。三国、西晋时，潞县属燕国。北魏时期，潞县复属渔阳郡。隋文帝开皇三年（583年）废渔阳郡，潞县归幽州总管府管辖。大业三年（607年），幽州改置涿郡，潞县为涿郡所领九县之一。唐武德元年（618年），涿郡复称幽州，潞县属之。天宝元年（742年），幽州改为范阳郡，潞县仍属。乾元元年（758年），范阳郡复称幽州，潞县所属亦随之而改。不过，由于北朝时期社会动荡，政权更迭频繁，位于今古城村的潞县治所逐渐衰落，至迟到了唐代潞县治所西迁至今通州城区北大街一带。潞县治所西迁后，位于古城村的潞县故城还曾一度作为鲜州和崇州的侨置羁縻县，主要用于安置奚族等人。

唐代以后，由于潞县治所的西迁，位于今古城村的潞县治所已不再作为一座城市，而是变为了村落。当然，它的城墙一直存在，只不过由于人为和自然因素，而变得残破不全。清朝光绪年间，路县故城尚存西北角楼台和北城垣。1959年第一次全国文物普查资料显示，路县故城只有北城垣东段，残存约50米长，通州区文物主管部门将其登记在册。在运潮减河复堤工程中，残存的城墙遗址被掩埋于河堤内，地表无城墙遗迹。

三、考古发现

2016年，为配合副中心建设，文研所在潞城镇开展考古工作，文研所专业人员在查阅大量文献史料和文物档案的基础上，初步认为路县故城城址在潞城镇的古城村一带。为了确保地下文物和遗址的安全，2016年5月，组织考古工作人员，对古城村进行了考古调查、初步勘探和重点试掘，发现并确认了城址的存在和位置、范围、形制、结构等基本情况。

1. 基本形制

路县故城城址整体均埋藏于地下。城墙保存状况较好，其中，北墙长606米，东墙长589米，南墙长575米，西墙长555米。城址的平面为近似方形，总面积约35万平方米。城墙外环绕着一周城壕。

2. 考古勘探

围绕着城址，进行了大范围的考古勘探，确定了城墙、城壕等城址最重要的构成。

1 路县故城城址平面示意图
2 东城墙北段的正摄影像
3 城墙剖面北壁
4 城墙剖面南壁

通过勘探，明确了以城址为核心，周围约80万平方米的范围内，普遍存在着汉代遗迹，最浅距离现地表约2.4米，最深距离现地表约6.5米。已初步探明，城内有水井、道路、灰坑、水渠等，城外有道路、水井、灰坑、房址、窑址、瓮棺等。由于路县故城遗址的面积大、遗迹复杂，目前，考古勘探正按照计划，分区、分块，有序、稳步地逐步开展。

3. 考古发掘

为了了解城址的形制、年代等基本情况，进行了重点发掘，包括城墙、城内道路、城壕等。

对东城墙的北段、南城墙的西段局部进行了考古发掘。城墙的残存高度2.5米，墙体下宽上窄，墙基宽18米，顶部残存的宽度1～15米。墙体内侧的坡度为11°，外侧的坡度为27°。城墙的夯层清晰，厚约0.10—0.20米。城墙的部分夯层的夯土中夹杂有植物秆茎，这与天津市宝坻秦城东城墙[1]的建筑方式相同，应是起到加固城墙墙体的作用。

2016年8月，为探明路县故城城址的年代和城内的布局，在城内的北部开设了三条东西走向、贯穿全城的探沟，在探沟的中间位置，发现了南北走向的道路遗存。在城址的

[1] 天津市历史博物馆考古部、宝坻县文化馆：《宝坻秦城遗址试掘报告》，《考古学报》2001年第1期。

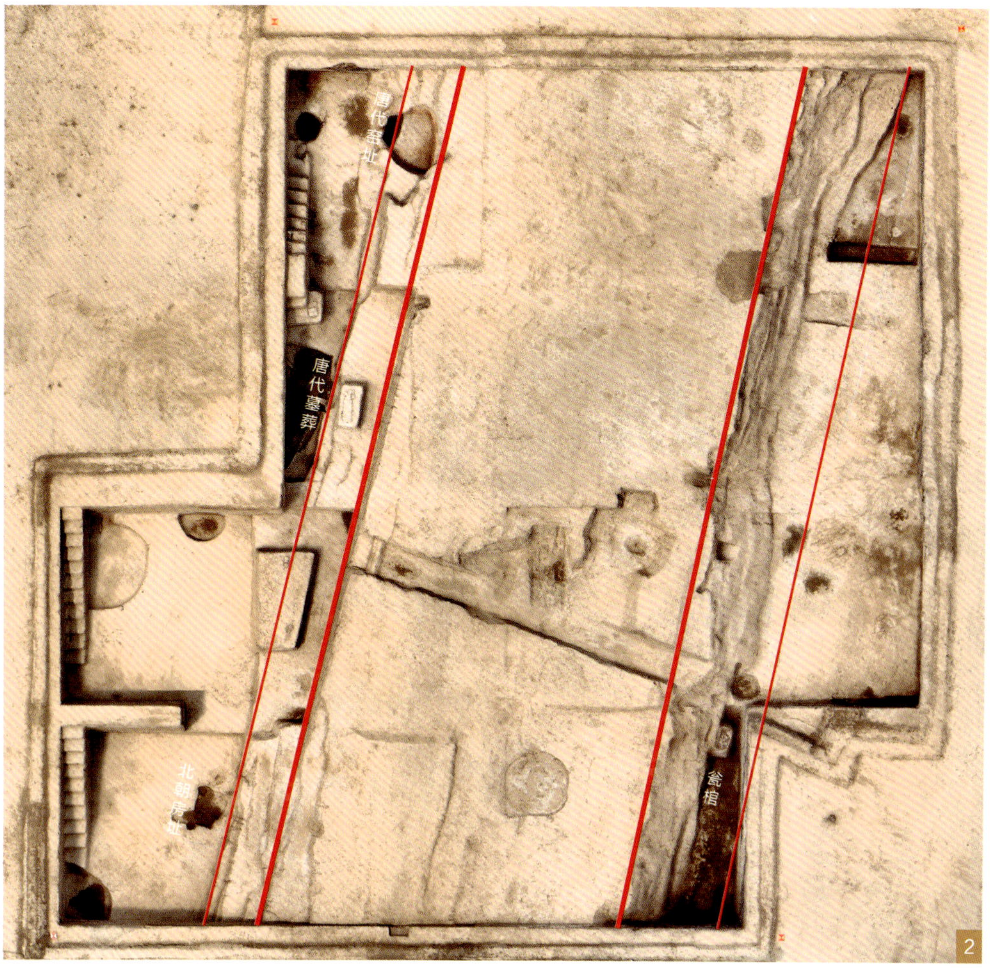

2

城墙上边线

城墙下边线

3

4

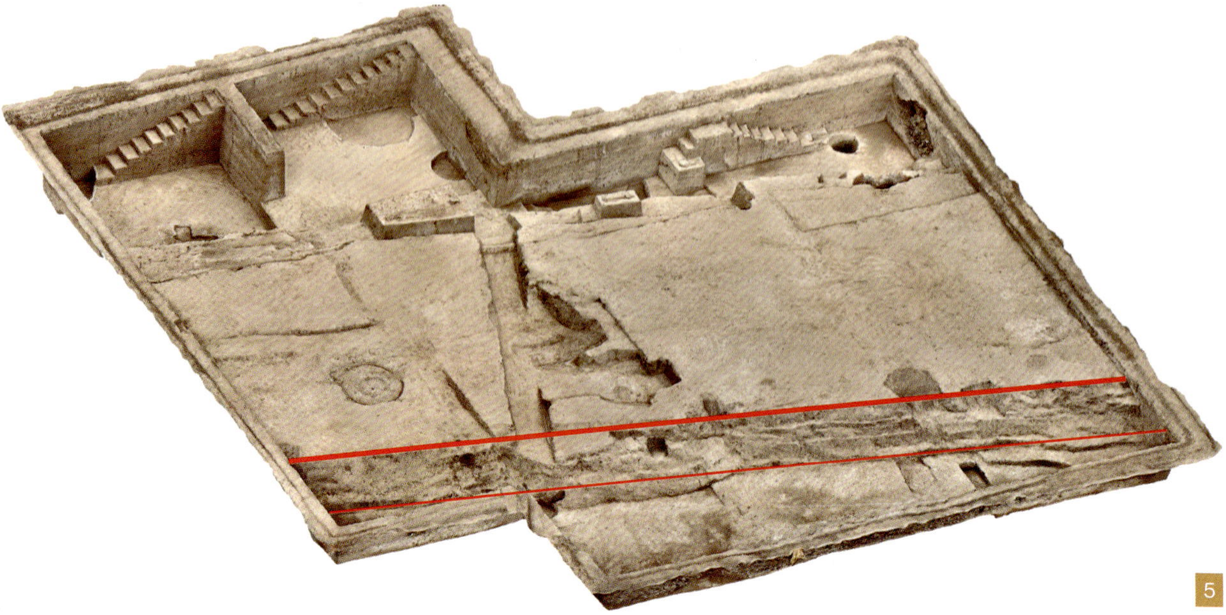

5

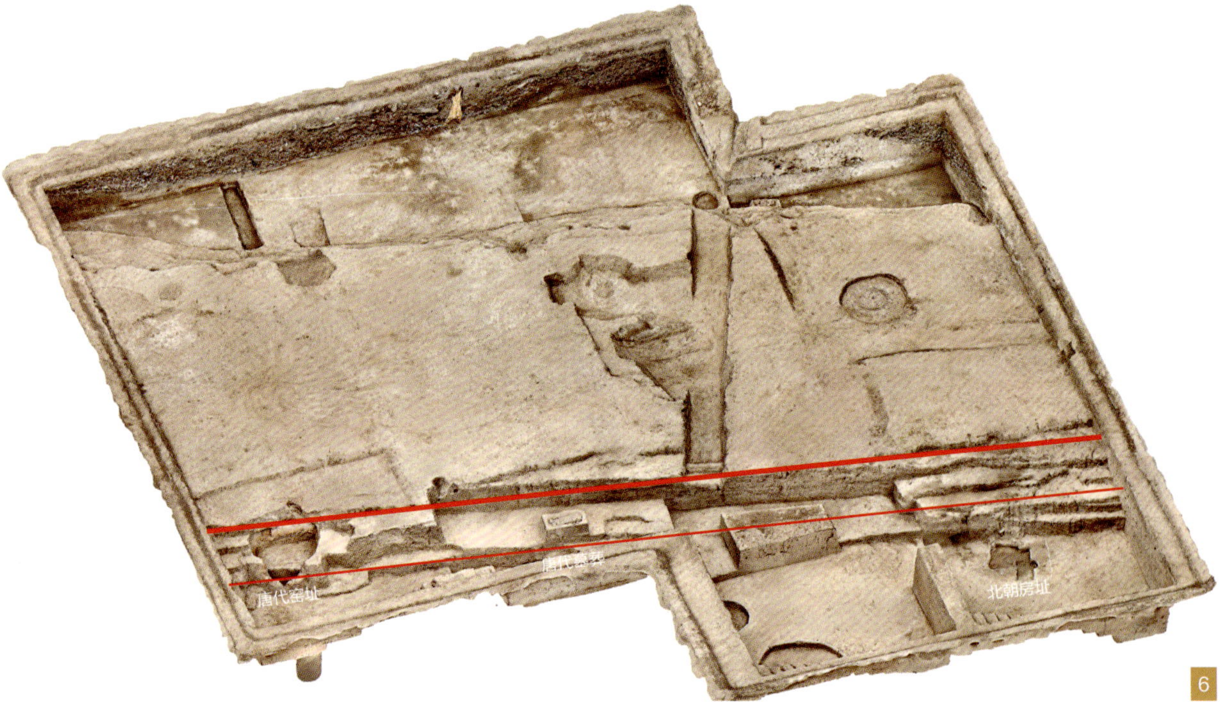

6

城墙上边线
城墙下边线

5 东城墙北段的东侧
6 东城墙北段的西侧
7 东城墙北段的墙体
8 南城墙北侧剖面夯层
9 南城墙南侧剖面夯层
10 城墙夯土层的夯打面
11 有植物杆茎的城墙夯土

8

9

7

10

11

中心位置进行了小范围发掘，布方10米×13米，清理出汉代道路。路面东西宽5.5米，路土保存状况较好，厚度0.5米；路的西侧有一条排水沟，宽1.2米。在汉代道路遗迹之上，还叠压有辽金时期和明清时期的道路各一条。从道路在城中的位置来看，可能是城内的南北干道和中轴线。

1

在路县故城城墙外约25—30米处探明了城壕遗址，其走向与相对应的城墙大体一致，宽度约25—30米。在南城墙外的东部进行了考古发掘，清理出城壕、沟渠、道路、灶址、灰坑、瓮棺等。南城壕开口的宽度约25米，底部的宽度为13—14米，残存的深度0.6—2.3米。在南城壕的外侧发现一处大面积的汉代遗址区，已探明的区域约15万平方

1 城址内北部的道路遗迹
2 东南城壕的正视图
3 东南城壕、排水渠航拍全景

米，清理出了汉代的道路、灰坑、灶、活动面等。

4. 城址内出土的器物

在路县故城城址的发掘中，出土了一定数量的典型的汉代器物，其中以陶器为主，此外还有铜器、铁器、石器、骨器等。器物主要有陶豆、釜、盆、纺轮、小陶瓶、小陶盏、圆陶片、瓦当、铜镞、铜刷、磨石、骨锥等。

陶豆

西汉

通高12.7—13.4厘米

陶纺轮

西汉

直径5.7—7厘米

圆形陶片

西汉

直径4.4—5厘米

山云纹瓦当

西汉

直径18厘米

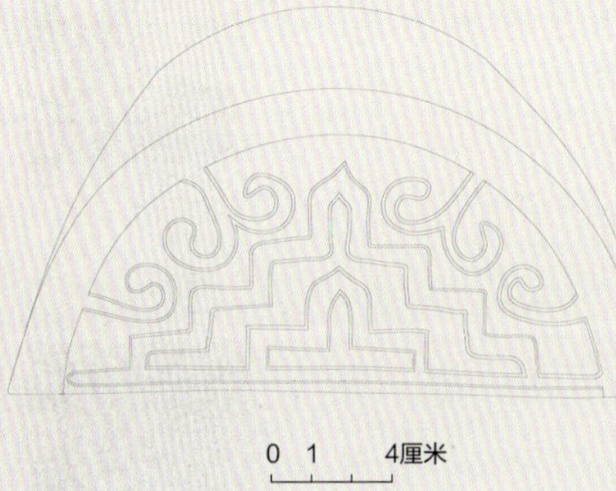

“千秋万岁”瓦当

西汉

直径16.6厘米

铜镜

东汉

直径14、厚0.4厘米

石饰件

西汉

通高2.4—2.6厘米

骨簪

西汉

残长7.5厘米

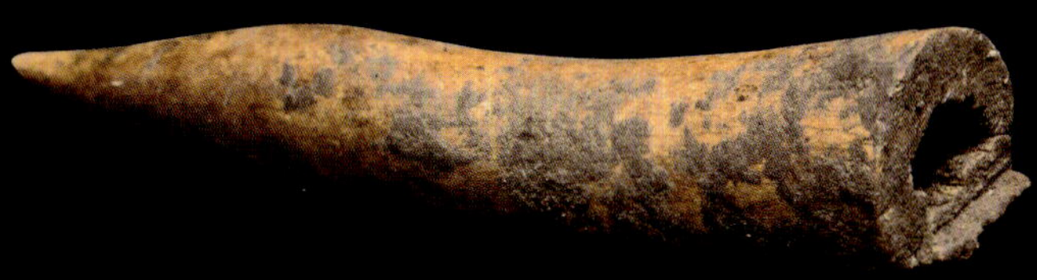

骨锥

西汉

通长9.9厘米

四、相关研究和初步认识

路县故城年代久远，在史料文献中仅仅查找到一些蛛丝马迹，但都语焉不详，且混乱、抵牾之处较多，让人难以形成清楚的认识。通过考古工作，城址的基本面貌逐渐清晰。

（一）以往的记载和研究

路县故城在《汉书》《后汉书》《水经注》《新唐书》《旧唐书》《太平寰宇记》《日下旧闻考》等正史、地理志、地方志中均有零星的记载，可梳理出城址大体的历史沿革。清末，通州本地学者刘锡信结合实地考察与文献记载，写了《潞县考古录》，是最早的、较为完备的关于路县故城的研究。此后，尽管很多学者都提及路县故城，但是材料没有超出上述文献记载的范围。

（二）考古成果的初步认识

此次勘探和发掘，首次从考古和考古学上证实了路县故城城址，并使得这座已有二千余年历史、湮没已久的古城得以重现，

西汉时期的北京

唐故幽州潞縣丞蘭陵艾公墓
鄉貢進士胡著序銘
公諱演字長演其始命氏存諸譜錄
曾皇祖諱欽泰將仕郎守楊州楊子縣令推誠而理犂
善而教吏畏而愛人驗而伏振芳譽於蘭池樹政聲於
柳市 皇祖諱謙正議大夫試遂王府司馬業以
勤廣功以志高理尚清通務崇簡要
皇考諱倚鎮軍大將軍守左驍衛大將軍試太常卿上
柱國剛以成性毅以致身擢自家園禆我環衛
主君寄寵夷狄畏名 公秋月瑩神春雲齊
德孝乎父母友于兄弟動也如水靜也如山長慶初
燕主司空朱公聞之起家署幽州潞縣丞嚴肅助百里
之霜高明掛千門之月奈何靈芝雖茁芳蘭易折以開
成二年五月二日奄終於潞縣之別業享年五十有七
嗚呼陰魄滿而有虧寒川逝而無返 公娶安定
梁氏有子一人曰克戎致修孝行雅合禮文情甚嬰兒
哀[illegible]子即以其年冬十一月十日卜宅於潞縣甄昇
鄉古潞城南一里平原[illegible]也知白楊早落慮青松
後凋乃徵他山之石冀同[illegible]之碑乞我以銘想舊
而述詞曰
陰陽為炭天地為鑪禀清者智膺濁者愚 相彼哲人
感茲精純堂堂其貌溫溫其神彼蒼不傭降此鞠凶
英魂已逝形[illegible]何從卜宅之地古邑之陽 蒿萊助慘
松檟增傷[illegible]既已 鐫為陳迹 俾尔千齡 在乎片石

唐开成二年（837年）幽州潞县丞艾演墓志拓片

再次进入人们的视野，唤起人们的历史记忆，激发人们对历史追寻的热情。

从目前的考古勘探、发掘及出土器物，判断该城址的始建年代不早于战国晚期，不晚于西汉中期。结合《汉书》《后汉书》《水经注》等文献的记载，以及以前诸多学者的考证，推断这座城址就是两汉时期渔阳郡下属的路（潞）县的治所，即路（潞）城。西汉称“路”，取其路路相通之意；王莽改制，直接称之为“通路亭”；东汉因潞水，改作“潞”，取其水陆要通之意。

此外，对于该城址的确认，还有一个新发现的证据。在城址外南860米处，发现了唐代开成二年（837年）幽州潞县丞艾演墓。据出土的墓志记载，墓主人艾演葬于“潞县甄升乡，古潞城南一里平原”。“古潞城”指的就是这座汉代城址，“南一里”表明了墓葬与城址的位置关系。该墓葬的墓志发现，佐证了我们对古城的判断，同时，也反映了该城址功能的变化。

1. 选址和建造

选址，古代常称为择地。古代大到筑城，小至盖房，首要之事就是择地。中国古代城市选址是当地经济、政治、军事、交通等与自然环境多种因素综合作用的必然产物。《管子》中记载：“高勿近阜而用水足，低勿近水而沟防省……因天才，就地利，故城郭不必中规矩，道路不必中准绳。”这是我国古代最早、最明确指出城市规划建设应因地制宜，打破单一的周制布局模式。我国古代建城择地，要仰观天象，俯察地理，合乎天、地、人三才之道，遵循天人合一的思想，也就是我们现在提倡的人与自然和谐。古代中国以农立国，择中思想是当时城市选址布局的一个重要的思想观，城市居于疆域的中心位置更能从宏观上把控全局，更有利于发挥对周边区域的辐射和带动作用。

选址以有水环绕为上。水一方面对于城市的正常生产运作有重要作用，另一方面水运不仅可以改善城市交通。选址以地势平坦为上。因为平原不仅能提供足够的农副产品以供人们生产生活，也使城市水陆交通、集市贸易、物资流通等更为方便。

汉代路县故城城址应是临河选址，平地起建，夯筑的城墙大量使用挖城壕的土，而城壕的部分又巧妙地利用了当时的河道或者水系。

2. 城墙

城墙是中国古代城市的重要标志和组成部分。中国城墙的历史十分悠久，内涵也极为丰富。国内学界一般认为中国古代城墙起源于原始聚落周围挖掘的壕沟，主要是出于军事防御的需要[1]。据考古发现，我国已知筑造最早的城墙是湖南澧县城头山遗址，该遗址西南城墙第一期建于大溪文化一期，经^{14}C测定，距今约6000年。汉代是一个强盛、统一、繁荣的封建王朝，据《汉书·高帝纪第一下》记载，高帝“六年冬十月，令天下县邑城”[2]，筑城活动十分活跃，形成了我国

[1] 王银田、何培：《汉代城墙浅议》，《中原文物》2010年第2期。

[2] [汉]班固撰：《汉书·高帝纪第一下》卷一下，中华书局，2016年，第59页。

筑城史上的第三次高峰，而城墙的规模亦越来越大。汉代绝大多数城市都有城墙，封闭的城墙形成城市的保护圈。汉代的城墙绝大多数是以黄土夯筑而成，多数县城城墙的夯层厚8～12厘米，夯窝5～7厘米。夯层越薄，夯土越坚硬，但需要的劳动量越大，成本愈高。东汉时，砖普遍用于砌筑墓室，也开始用于房屋建筑，但极少用来修筑城墙。迄今只在广汉郡雒县城墙上发现少量用砖的实例[3]。汉代城市的城墙，宽度和高度有些相差很大。从考古发现的汉代城址来看,一般的城墙墙基宽10米左右，有的墙基宽度可达20米以上。目前发现的汉代城墙都是残破的，因此城墙原高已无法确知，只能根据文献资料和考古发现的实际情况做一些推测。《考工记》曰："凡为防，广与崇方，其杀参分去一。"广是宽度，崇是高度。有的专家、学者据此认为，城墙的高度应与城墙底部的宽度相等或接近。如果是这样的话，那么多处汉代城址，其城墙高度则最矮者为6米，最高者可达28米。

3. 城内道路

道路是古代陆地交通当中最为重要的设施。道路是城址考古中重要的遗迹现象，特别是对于多数汉代的郡县城址而言，一般会有主要干道连接各城门或主要建筑，从而可将城内划分为官署区、居民区、手工业作坊及市场等不同的功能区。汉代郡县城址所见道路遗迹按性质可分为下面几种：一是城市的主干道，连接城门或主要建筑。该类道路通常起到划分城市功能区的作用，并且部分可通往城外；二是沿城墙外围修筑的环城路；三是通往其他遗迹的出入途径。道路的路面，以土路居多，少数混杂有石子、瓦片等。

4. 城壕

一个城市有城墙，一般就有护城河，古时所称的"城池"，就是城墙与护城河的合称。后者又谓城河、城壕或护城河。它一般环绕于城墙外侧，少数也有在城墙内侧再修一道内护河。大城内若建有小城，如帝王都城中之宫城，州府郡城中之子城等，其城下也常开凿有护城河。护城河的起源很早。考古发现的新石器时代聚落遗址，有的周围挖有壕沟，应该就是护城河的雏形。汉代城市的护城河，有的利用天然河流，更多的则是人工挖掘而成。一座城市在建设初期，挖护城河与修筑城墙往往是同时进行的。护城河在城墙外，挖出的泥土就用来修筑城墙。一般来说，河挖得越宽越深，墙就修得越高越厚，二者成正比。护城河一般宽十几米，也有几十米的。护城河最基本的作用是防卫城市，但是也为城市的交通、生产、生活用水等提供了方便。有的护城河与天然河流相通，或者本身就是天然河流，便成为该城市通向外界的重要交通线。

5. 城址的价值

城市是人类文明活动发展到一定历史阶段的产物，是政治活动的中心，经济运作的平台，文化传播的摇篮，精英汇集的舞台，其所承载的历史内涵相当丰富。可以说，一

[3] 沈仲常、陈显丹:《四川广汉发现的东汉雒城遗迹》,《中国考古学会第五次年会论文集》,文物出版社,1988年。

座古代城市，就是一个地区社会、政治、经济、文化状况浓缩的实体。

此次考古勘探与发掘，首先从考古学上确认了两汉时期路（潞）县县城。

其次，基本上明确了汉代路县故城遗址的形制、位置和范围。根据考古发现的实际情况，并结合我国古代城市构成的基本特点，可认为城墙、城壕及二者围合起来的区域是路县故城城址的本体。

第三，该城址是迄今通州区最早的古城。从考古发现来看，该城的始建时期，不早于战国，不晚于西汉中期。这为了解和研究通州地区城市历史的起源、发展提供了重要证据。

第四，该城址的规模符合黄河中下游地区汉代县城的规制。

第五，路县故城城址，西望蓟城，北达渔阳，东连渤碣，从交通、行政空间来看是汉代幽州地区对内统治、对外扩张的重要据点。

第六，汉代路县故城城址的发现，城址内文化层的堆积从汉代一直延续至明清时期，不仅证实了副中心深厚的历史和文化积淀，还证实了副中心选址的合理性。

第三章

城外遗迹

北京

城市副中心考古

第一辑

第一节

主要遗迹

在路县故城城址周围的发掘，距离城墙50米至400米之间，面积约17000平方米，以两汉时期的遗迹为主，这与路县故城作为县级治所的时代相同。总体来看，其两汉时期遗迹的构成，以道路、房址和水井为主体。道路是重要的交通设施；房址均为半地穴式，平面为方形或长方形、圆形，用于居住、制作或存储器物；水井数量众多，分布密集，从结构上可以分为土井、瓦井、砖井、木井等，除了可以满足人们正常的生活饮用，还要供给农业灌溉、手工业生产。综合这三大类遗迹的功能和特征，可以断定城墙外的遗址区为两汉时期的生活、生产区，并且可与以后城址内部的发掘成果构成一个相对完整的考古学研究和历史复原的对象。

一、东南城壕外的考古发掘

2016年11月至2017年4月，在东南城壕外进行了考古发掘，面积400平方米。这一发掘区紧邻南城壕。清理出汉代道路2条、排水沟1条、灰坑9座。出土器物主要有瓦当、陶豆、陶瓶、陶纺轮、钱币等。山云纹瓦当等建筑构件，证明附近可能有高等级建筑；陶豆、陶瓶属于日常生活器皿；陶纺轮是人工纺线的工具。这证明南城壕外，也就是城址外的南部区域为汉代居住生活区。

东南城壕外遗迹航拍全景

1 东南城壕外遗迹DEM图
2 探方遗迹2017TLA3T0146
3 探方遗迹2017TLA3T0246

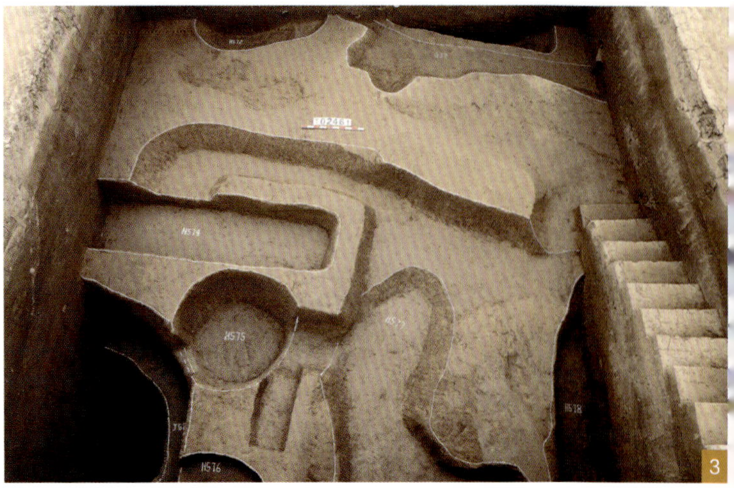

二、城址外西南部的考古发掘

2017年7月至11月，为配合京唐铁路和城际铁路联络线的建设，在路县故城城址外的西南部进行了考古发掘，面积16000平方米。该发掘区为西南至东北走向，发掘区的西边界距离西城墙200米。清理了汉代灰坑800余座、汉代道路10条、汉代排水沟55条、汉代水井100余口、汉代房址14座、汉代瓮棺36座，此外还有北朝时期墓葬2座、辽金时期的墓葬9座等。出土器物种类多样，按材质主要有陶器、铜器、铁器、骨器、石器等，器型包括陶豆、陶瓶、陶罐、陶瓮、陶纺轮、陶饼、陶器座、陶璧、陶盆、陶虎子、板瓦、筒瓦、铜镜、铜带钩、铜熨斗、铜削刀、铜戈、铜矛、刀币、布币、铁犁、铁镰、石臼、石璧、骨梳、骨簪、鹿角等。

京唐及城际铁路考古发掘现场航拍全景

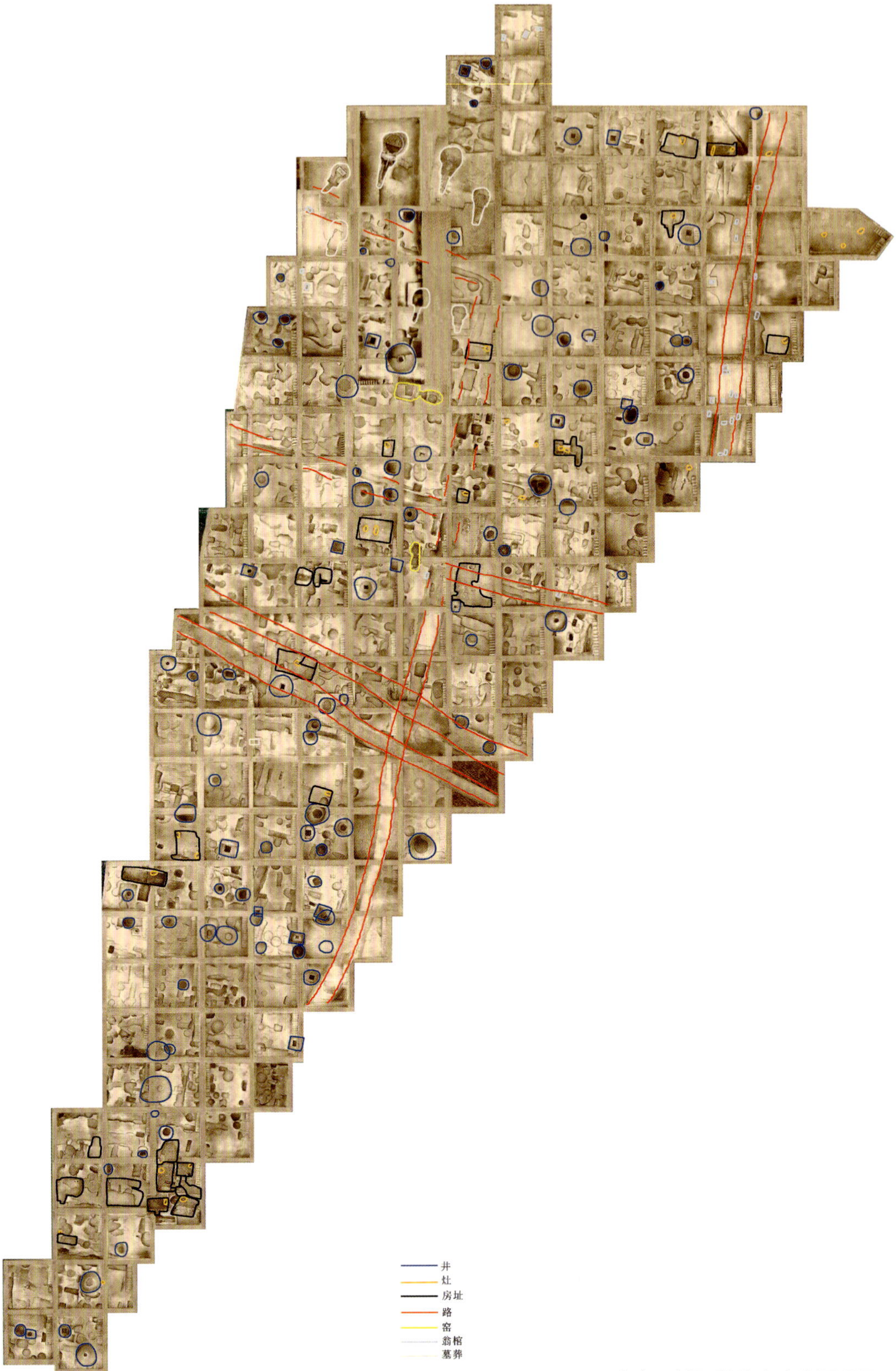

京唐及城际铁路考古发掘现场三维建模

1 探方遗迹2017TLA3T0445
2 探方遗迹2017TLA3F24
3 汉代房址2017TLA3F27
4 汉代房址F25、F26、F28、F29
5 2017TLA3L8和汉代瓮棺

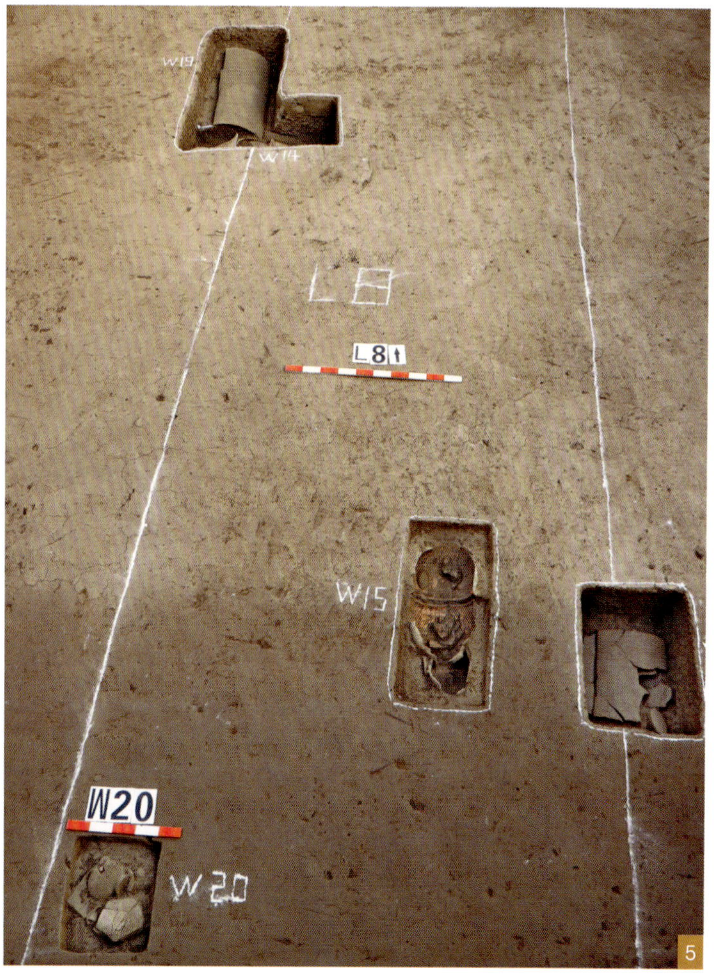

1 汉代水井2017TLA3J11
2 汉代水井2017TLA3J11井壁
3 汉代水井2017TLA3J48
4 汉代水井2017TLA3J48井壁

1

2

3

4

1 汉代水井2017TLA3J65
2 汉代水井2017TLA3J65全景
3 汉代水井2017TLA3J72全景
4 汉代水井2017TLA3J72井壁

1

2

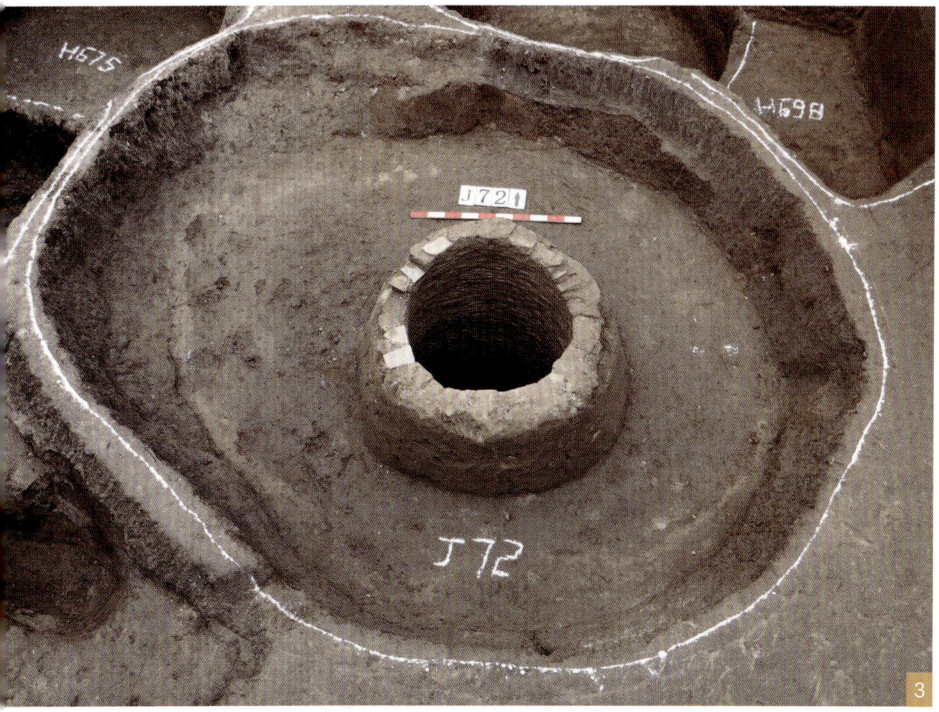

3

4

三、城址外南部发掘区

2017年10月至11月中旬，为配合高压线塔的迁移，在路县故城城址外的南部进行了考古发掘，面积550平方米。该发掘区北距南城墙360米，南距玉带河大街2米。在此发掘区内，清理出汉代灰坑25座、水井7座、汉代道路1条、辽金时期窑址1座、唐代墓葬1座，出土的完整器物有卷云纹瓦当、陶罐、陶瓶、陶豆、陶釜、陶纺轮、陶璧、铜镞等。

1 2017TLA4T2
2 2017TLA4T4

1

2

第二节

出土器物

在路县故城城址周围的发掘，面积约18000平方米，以两汉时期的遗迹为主，出土的器物主要有陶器、金属器、石器和骨器等，均为日常生活、生产的实用器皿。陶器当中，陶豆的形制和工艺延续了战国时期的特点，到了西汉中期之后就基本消失了。陶罐多数出土于水井之中，其中一定数量的陶罐有可能就用于汲水。一件残缺的陶器底部有戳印陶文“广阳”二字，应是产地名称。“广阳”作为行政区划名称始于秦朝统一六国，后在两汉沿用，作为郡、国、县名，其地域位于北京西南，而不在今通州，这证明汉代通州与其有着一定的商品流通和往来。瓦当之中，有半瓦当，在形制和纹饰上延续了战国时期燕国的特色，当是西汉初年的产品；而卷云纹瓦当是汉代中期以后在全国范围内流行的器物，表明了随着大一统局面的稳定，地域文化特色逐渐衰落，而汉朝文化特色的逐渐兴盛。瓦当在西汉时期是一定等级的建筑物上的装饰构件，一定数量的瓦当出土，说明附近有较高等级的建筑。陶纺轮是当时的捻线工具，证明了纺织业的发展。

金属器中主要是铜器和铁器。铜带钩是战国、两汉时代普遍使用的束系革带的用具。铁棘轮是类似于齿轮的器物，不过还不是真正的用于传动的齿轮,而是作为制动用的机械构件。与棘轮同时出土的还有铁六角承，也是机械构件。结合其均出土于水井之中，且遗址区水井密集，推断铁棘轮和六角承是水井上的提取工具——辘轳的部件。三棱铜镞是用于防御或进攻的武器，也可以用于狩猎。铁权均为半球形鼻纽权，是当时用于称重的秤砣或砝码。石器当中，较大体量的石磨盘和石臼，均为粮食加工工具。骨器中的簪和梳，属于发饰和盥洗用具。

综合上述器物的类型、形制和功能，可以判定其出土区域为两汉时期的生活、生产区域。

陶罐

西汉

口径13、腹径20.5、底径9、通高21厘米

陶罐

西汉

口径11.1、腹径12.3、底径6、通高9.9厘米

陶罐

西汉

口径12.1、腹径14.8、底径6.1、通高9.2厘米

陶罐

西汉

口径8.5、腹径11.2、底径5、通高11.6厘米

陶罐

西汉

口径6.9、腹径10.8、底径7.6、通高12厘米

陶盆

西汉

口径23.8、底径9、通高10厘米

陶豆

西汉

口径11.6、足径7.2、通高7.9厘米

陶文器底

西汉

直径17厘米

款识“广阳”

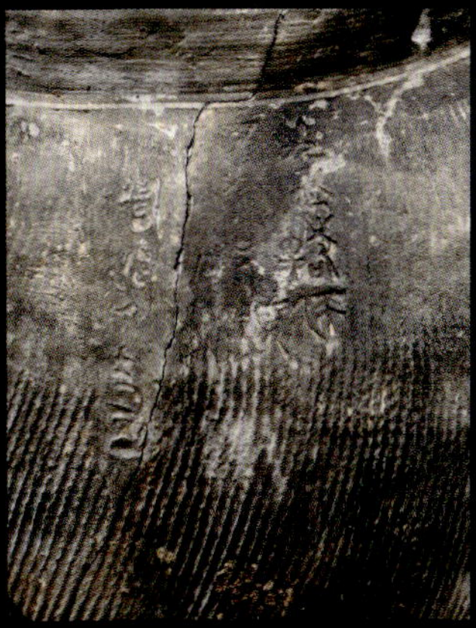

陶文陶罐

西汉

残高23厘米

红陶盆

西汉

口径10.6、底径4.5、通高4.4厘米

陶纺轮

西汉

直径5.5—6.1厘米

动物纹瓦当

西汉

长16.5、高8.3厘米

动物纹瓦当

西汉

长16.5、高8.3厘米

卷云纹瓦当

西汉

直径16.4厘米

筒瓦

西汉

长38.3、宽16、通高8.5厘米

陶文板瓦

西汉

残长31、残宽23—26、厚1.6厘米

陶文构件

西汉

长13、宽6.5厘米

铜带钩

东汉

长5.5厘米

铁权

东汉

直径4、高3.6厘米

铜带钩

东汉

长17厘米

铁六角承

东汉

长8.7—9.5厘米，高3.3厘米

燕国圜钱

战国

直径2.6厘米

铁棘轮

东汉

直径6.5—7、厚1.8厘米

三棱铜镞
西汉
长8厘米

三棱铜镞
西汉
长8厘米

铜扳机
西汉
长9.6厘米

小铜钩

东汉

长6.7厘米

铁钩

东汉

长10.5—15厘米

石磨盘

东汉

直径50、通高27厘米

石磨盘

东汉

直径44、通高34厘米

石臼

东汉

口径48、底径26、通高42厘米

石臼

东汉

口径26、底径17、通高17.5厘米

骨簪

西汉

长17.3厘米

骨簪

西汉

长13.2厘米

骨簪

西汉

残长6.7厘米

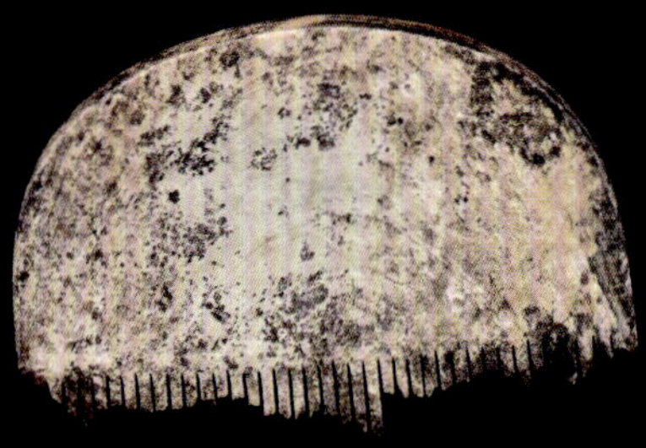

骨梳

东汉

长7厘米

第四章

路县故城城址周围的墓葬

北京

城市副中心考古

第一辑

以汉代路县故城城址为中心，集中在城址外的东部和东南部，发掘了3000余座战国至明清时期的墓葬，此外还有一定数量的各个时期的水井、道路、窑等遗迹。从墓葬的密集程度、分布区域、时代关系、类型序列等，可以明显地看出这些墓葬成区、成群、成组分布。这些墓葬之中，两汉时期的墓葬数量最多，这与路县故城城址作为县级治所的年代相吻合；在两汉时期的墓葬中，从墓葬的建筑规模、随葬器物的种类和数量来看，多为中小型墓葬，这与路县故城城址作为县级治所的等级相一致。唐代至明清时期的墓葬较之两汉时期的墓葬，在数量上明显减少，在空间上距离城址更近，这与路县故城衰落的时代和功能的减退相吻合。

路县故城城址周围的墓葬，数量多，延续时间长，形制齐全，器物丰富，对墓葬、器物的考古学序列构建具有重要价值，为把握本区域的考古学文化奠定了基础。

北京地区现有十余座汉代城址，路县故城是第一处对城址和墓葬区进行整体发掘的汉代遗址，这对具体而系统地研究汉代县域的政治、经济和文化等具有重要价值。

考古资料表明，北京城市副中心的考古发现与其周边天津、河北等地的同类遗存极为相似。京东、津西、冀中地区，自古以来文化面貌上呈现一体性。这里是中原农耕民族和草原游牧民族不同民族间文化交流、碰撞、融合的区域，由此孕育了丰富多彩、极具特色的文化。

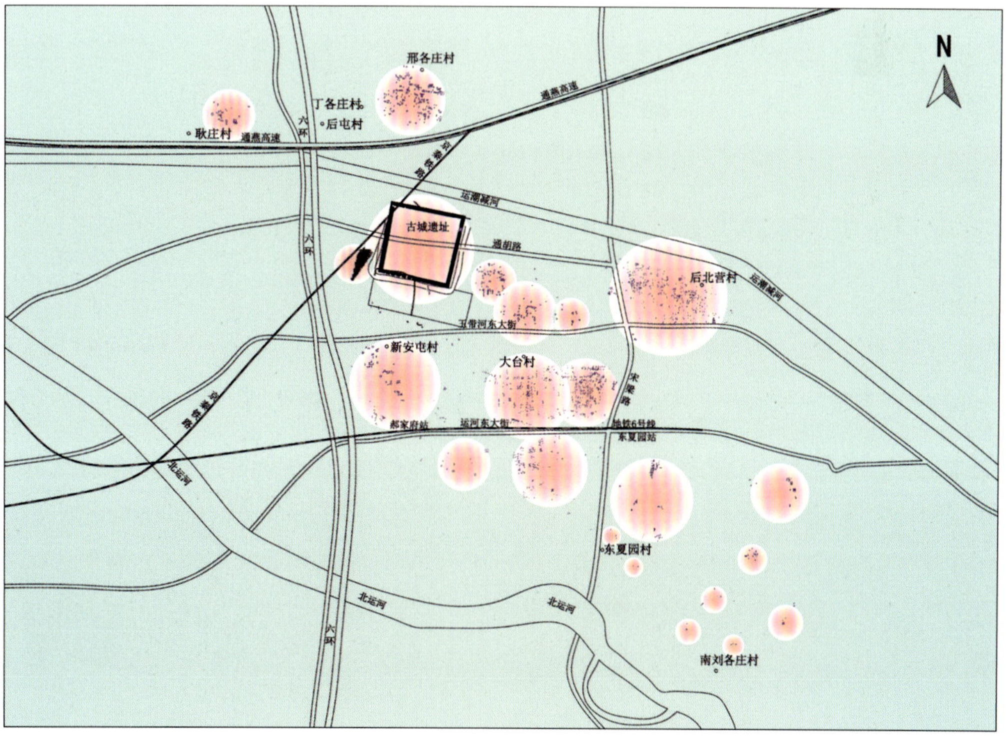

城址与墓葬区
位置关系示意图

第一节

战国至西汉时期的墓葬

战国至西汉时期的墓葬以竖穴土坑木棺（椁）墓和瓮棺葬为主。竖穴土坑木棺（椁）墓，以木棺或木椁为葬具，墓圹平面多呈长方形，墓道较为少见。木椁墓多为一棺一椁,并且椁室内有头箱，专门用于放置器物。墓葬既有单人葬，也有双人合葬。

庙上村战国墓葬群

竖穴土坑墓

2017THM920

战国

墓圹长2.81、宽1.56、深1.39米

竖穴土坑墓

2017THM921

战国

墓圹长2.88、宽1.83、深1.40米

竖穴土坑墓

2017THM888

战国

墓圹长2.65、宽1.94、深0.87米

竖穴土坑墓

2017THM971

战国

墓圹长3.95、宽2.49、深1.36米

M197

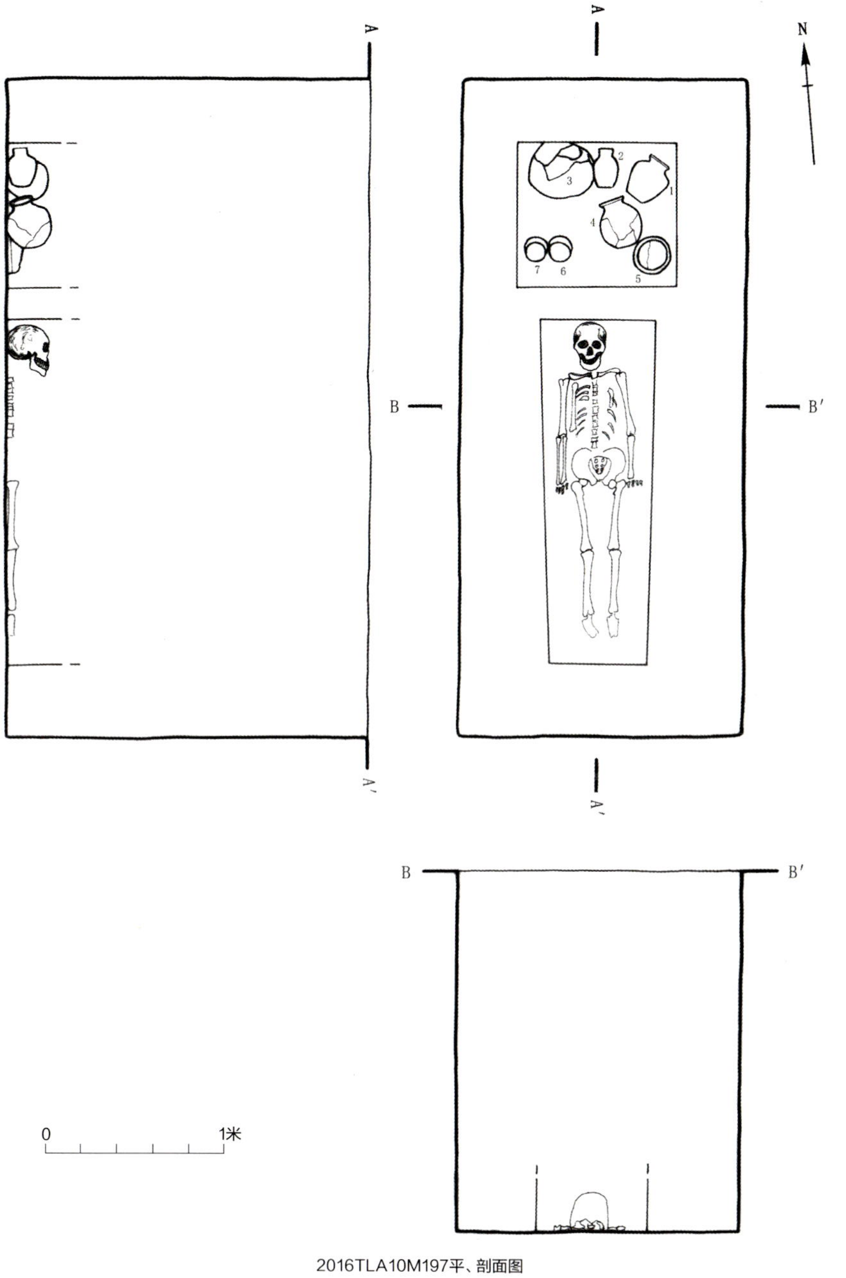

2016TLA10M197平、剖面图

竖穴土坑墓

2016TLA10M197

西汉

墓圹长3.66、宽1.6、深2米

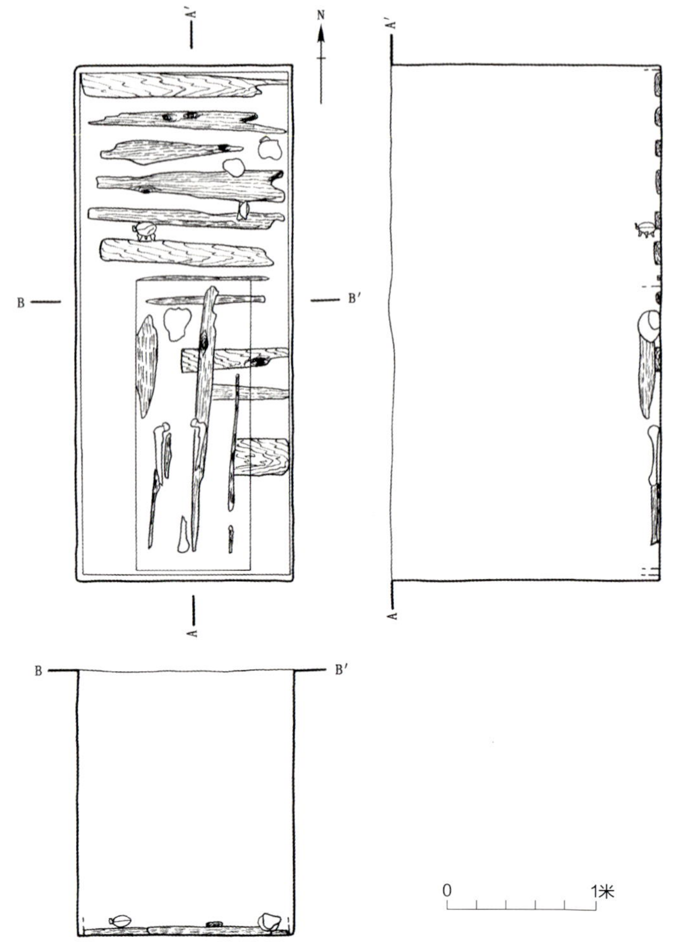

2016TLA10M239平、剖面图

竖穴土坑墓

2016TLA10M239

西汉

墓圹长3.5、宽1.48、深1.8米

竖穴土坑墓

2016TLA10M223

西汉

墓圹长2.38、宽0.88—1.06、深1.88米

竖穴土坑双人合葬墓

2016TLA07M102

西汉

墓圹长6.5、宽3.9、深2.26米

瓮棺葬是以陶釜或陶瓮等器物为葬具，将尸体容纳其中的一种墓葬形制。此次发现的瓮棺葬均为竖穴土圹，南北向，瓮棺均横向放置其内。儿童瓮棺葬的葬具以夹云母红陶和泥质灰陶器为主，器形有釜、瓮、盆等。儿童瓮棺可与文献当中所记汉代风俗“葬小儿必于道边”[1]相对应。成人瓮棺葬的葬具为专门烧制用作葬具的筒形瓮，均为两件筒形釜子母口对扣而成，筒形瓮均为灰陶质，饰瓦棱纹和弦断绳纹。仅个别瓮棺葬中有随葬品。

[1] [汉]应劭撰、王利器校注：《风俗通义校注·佚文》，中华书局，2017年，第575页。

瓮棺葬

2016THM266

战国

墓圹长1.7、宽0.96、深0.66米

瓮棺葬

2016THM241

战国

墓圹长0.9、宽0.6、深0.96米

瓮棺葬

2016THM75

西汉

墓圹长2.4、宽1.42—1.56、深0.86米

瓮棺葬

2016THM230

西汉

墓圹长1.6、宽1.0、深0.71米

M77

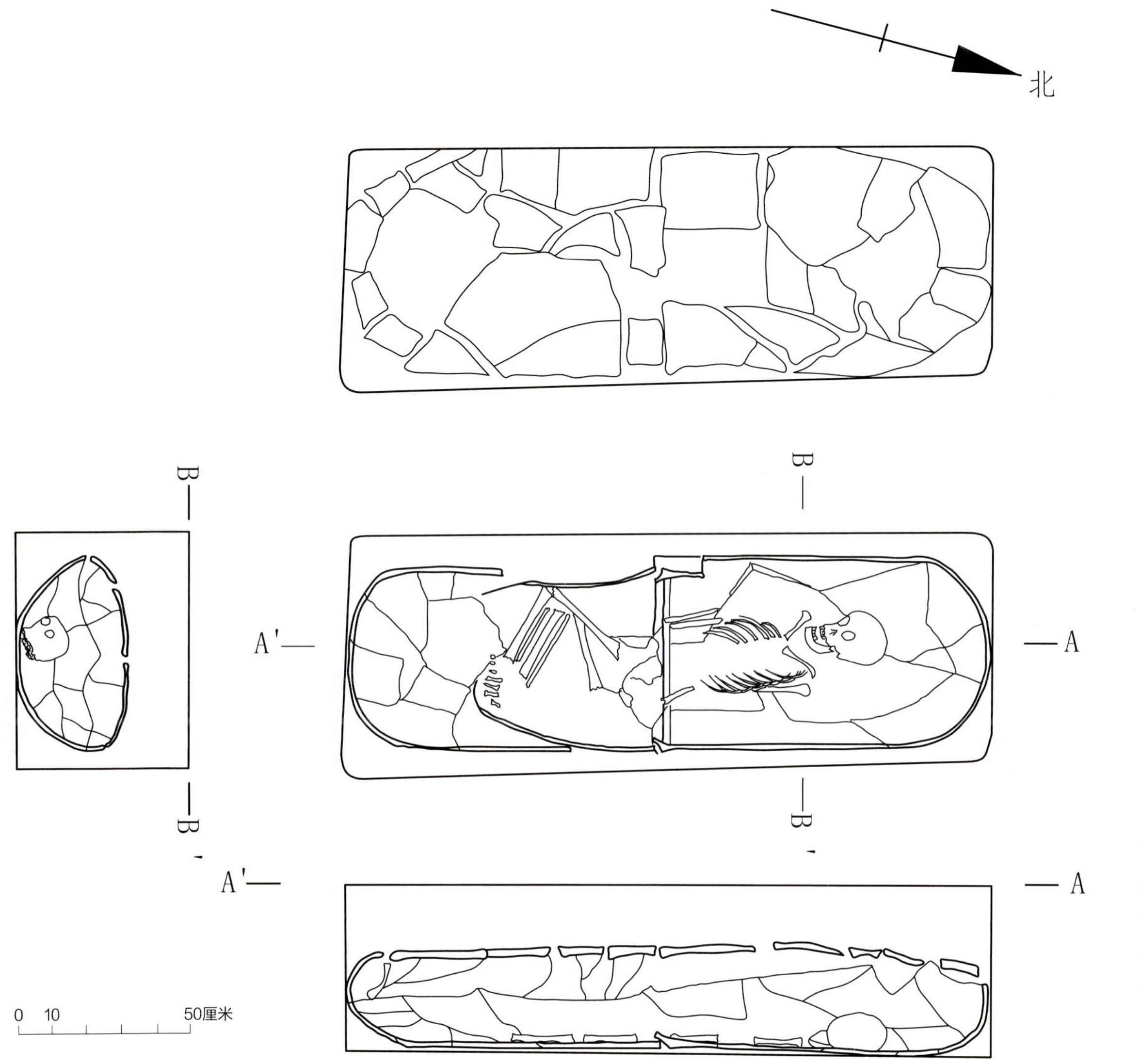

2016THM77平、剖面图

瓮棺葬

2016THM77

西汉

墓圹长1.9、宽0.7、深0.72米

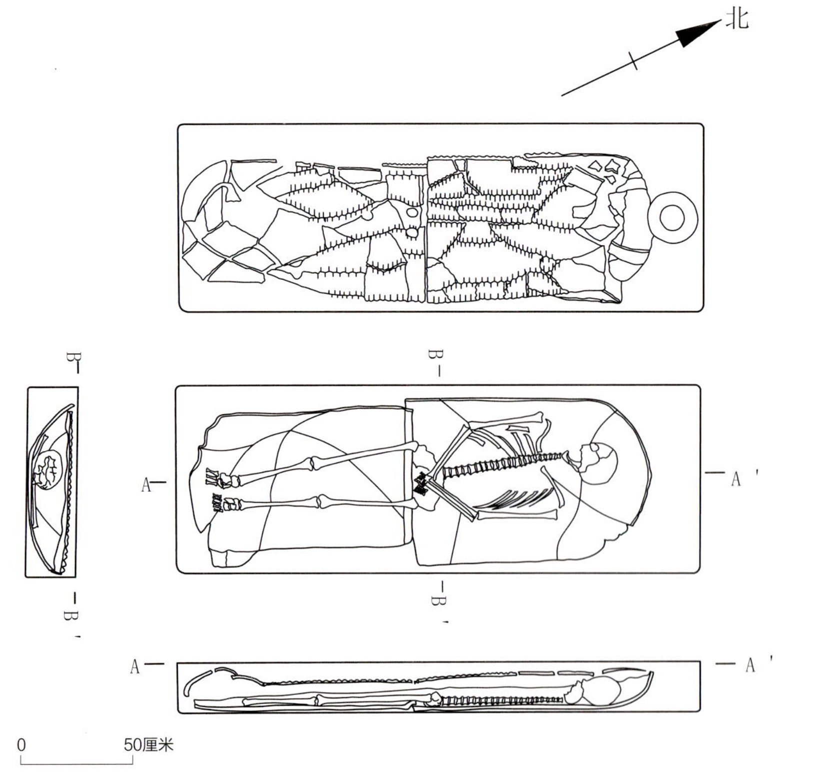

2016THM212平、剖面图

瓮棺葬

2016THM212

西汉

墓圹长2.22、宽0.8、深1.1米

第二节

东汉至北朝时期的墓葬

东汉至北朝时期的墓葬数量最多，类型最为丰富，包括土坑墓、砖室墓、瓦室墓等。由于社会经济的发展，丧葬习俗的变化，砖室墓的大量出现是这一阶段墓葬营造的突出特点。

砖室墓主要是指墓室的主体部分——墓壁、墓底和墓顶均用砖垒砌而成的墓葬。墓葬的规模、墓室数量的多寡，在很大程度上是墓主人生前社会身份、地位的象征，也代表着墓主人的财富、权势。墓葬的形制，简单地说，就是墓葬的空间布局方式。砖室墓形制多样，直观上可分为单室、双室、多室墓等，最多的墓室达8个。其中，双室墓和多室墓呈现出按中轴线配置的特点。砖室墓以单墓道为主，仅有少数墓葬无墓道或为双墓道。墓道的形制以斜坡状为主；墓室的平面形状以长方形或者方形为主；墓顶有盝顶、券顶和穹隆顶三种形式。墓葬以南北方向居多。砖室墓中，有单人葬、双人合葬和多人合葬，从考古年代学研究的角度而言，双人或者多人的合葬墓大体可以分为同时安葬与异时合葬两种情况。葬具多为木棺。墓葬的用砖以素面青砖为主。部分砖室墓的铺地砖或墙砖用花纹砖。

A10地块墓葬区航拍全景

砖砌单室墓

2016THM61

东汉

墓圹长3.2、宽1.34、深3.4米

砖砌单室墓

2016TLA10M222

东汉

墓圹长2.72、宽1.46、深0.88米

砖砌单室墓

2016THM89

东汉

墓圹长1.52、宽0.88、深0.8米

砖砌双室墓

2016THM385

东汉

墓圹长2.56、宽2、深1.2米

砖砌单室墓

2016THM124

东汉

墓圹长11.54、宽2.96、深1.82米

由墓道、墓门、甬道及墓室组成

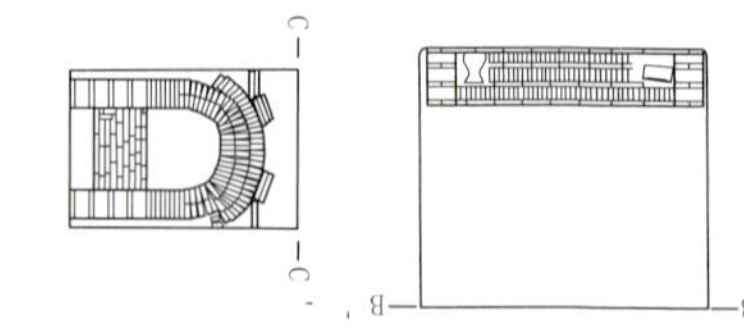

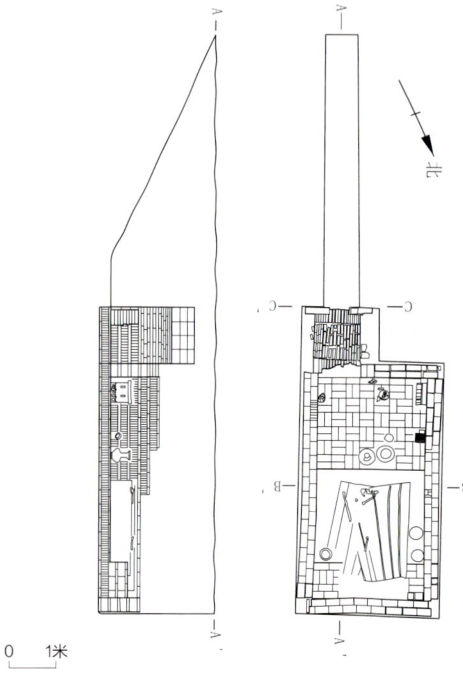

2016THM124平、剖面图

砖砌单室墓

2016THM509

东汉

墓圹长8.36、宽0.64—2.26、深1.44米

由墓道、墓门、甬道、墓室组成

砖砌单室墓

2016THM652

东汉

墓圹长6.3、宽0.74—1.9、深0.3—1.4米

由墓道、墓门和墓室组成

砖砌单室墓

2016TLA10M187

东汉

墓圹长9.7、宽2.78—2.86、深1.84米

由墓道、甬道、墓室组成

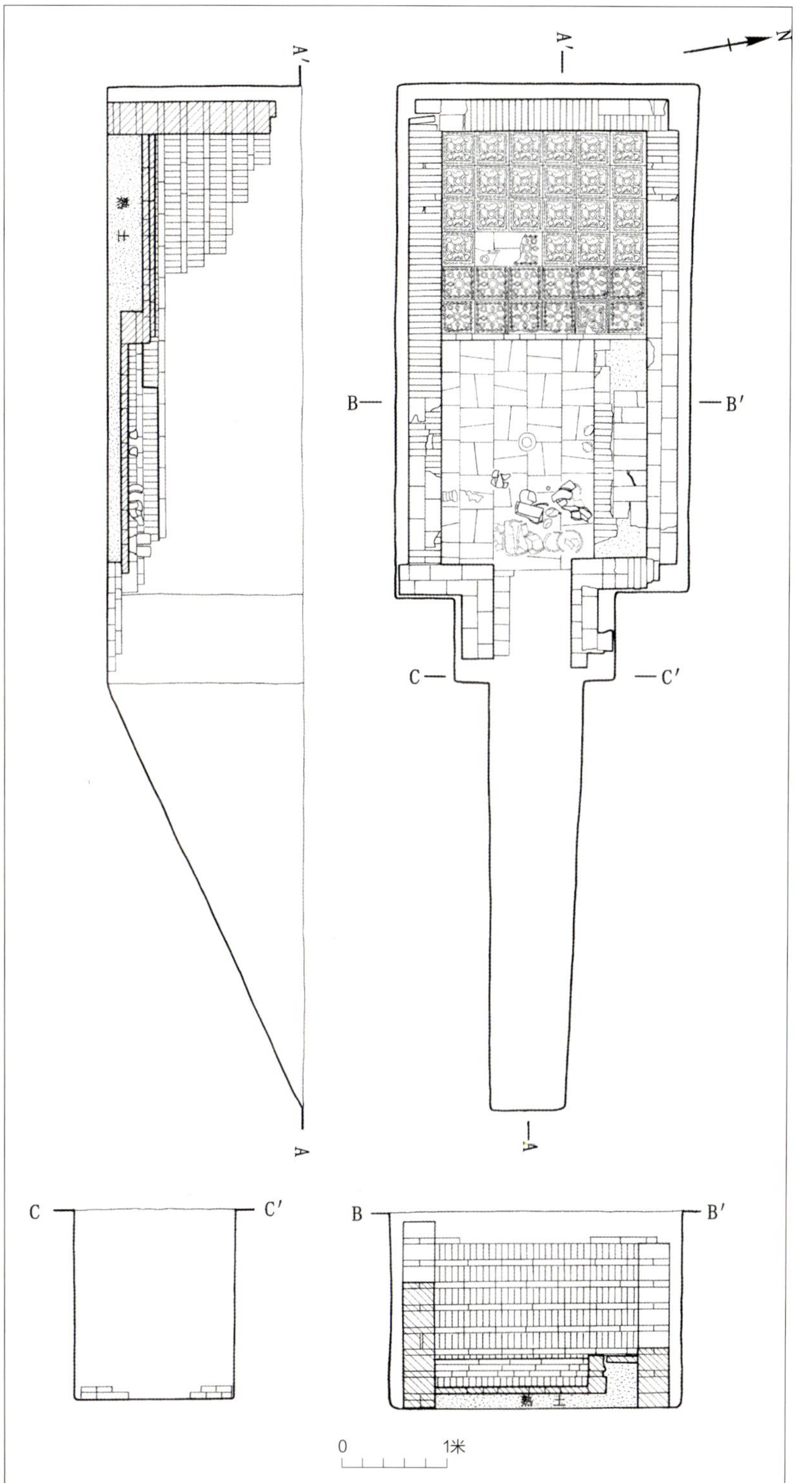

2016TLA10M187平、剖面图

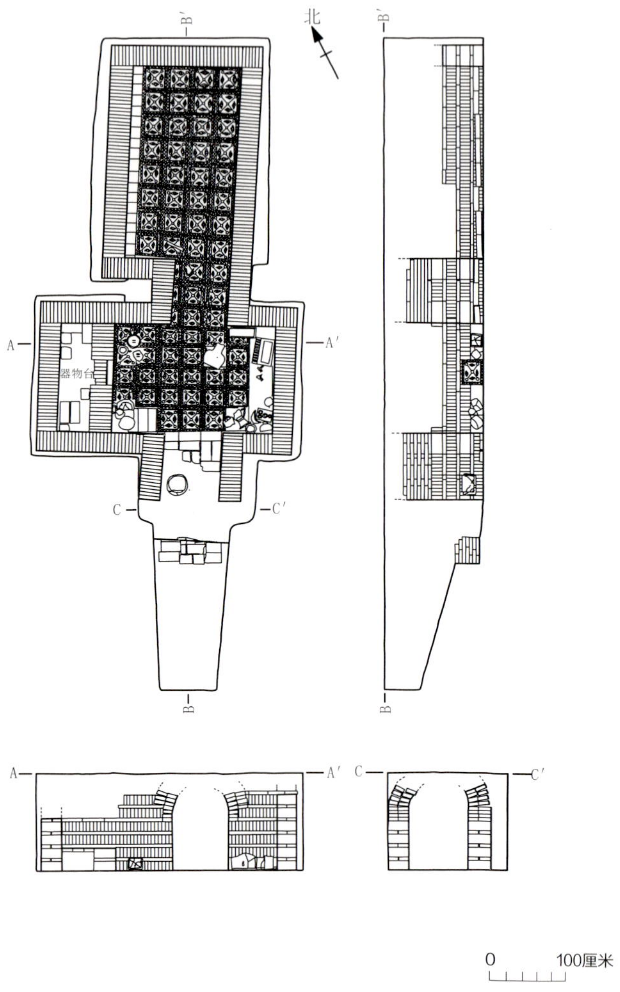

2016THM172平、剖面图

砖砌双室墓

2016THM172

东汉

墓圹长9.4米、宽3.8、深1.4米

由墓道、墓门、甬道、前室、后室组成

砖砌双室墓

2016THM278

东汉

墓圹长15.26、宽1.1—3.5、深2.2米

由墓道、甬道、墓门、前室、后室组成

砖砌双室墓

2016THM531

东汉

墓圹长13.1、宽0.9—3.02、深2米

由墓道、墓门、甬道、前室、后室组成

砖砌双室墓

2017THM579

东汉

墓圹长14.88、宽0.8—3.28、深2.9米

由墓道、甬道、前室、后室组成

砖砌双室墓

2016THM411

东汉

墓圹长9.6—10.2、宽5.22、深2米

由双墓道、墓门、甬道、东、西两室组成

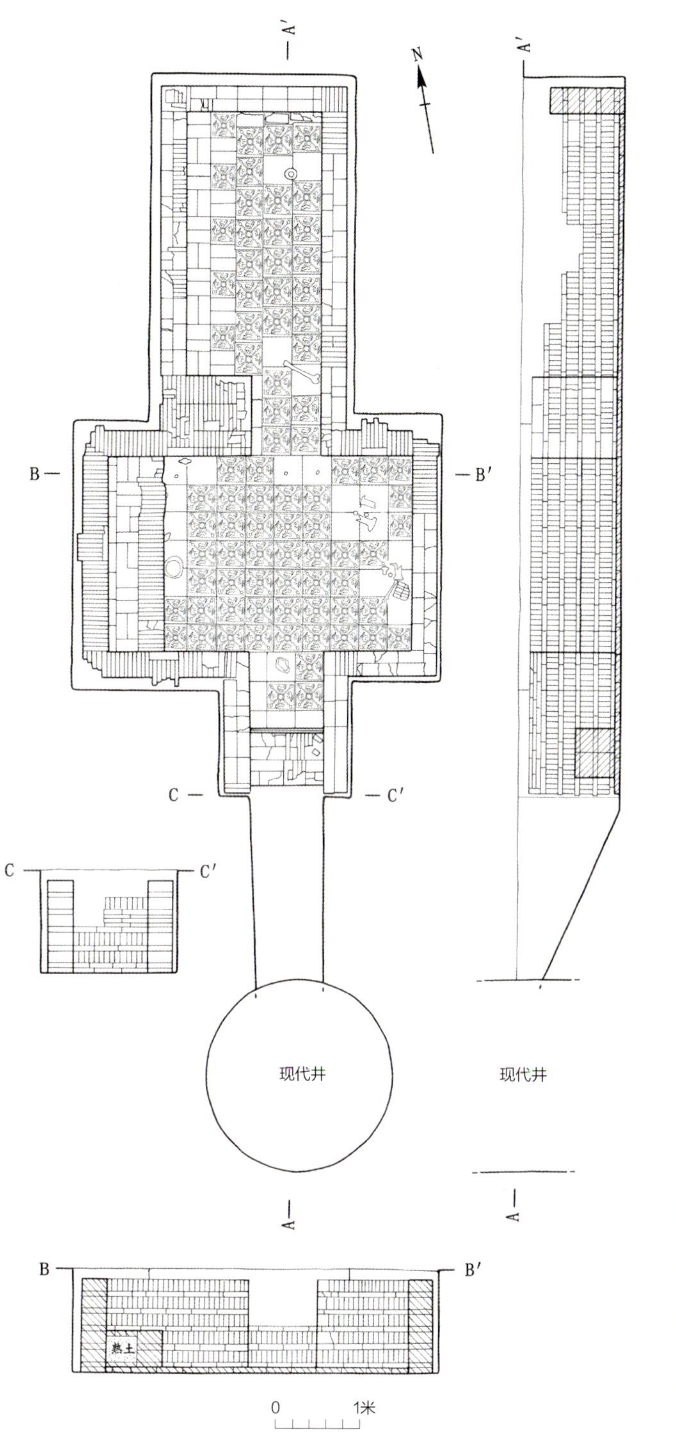

2016TLA10M121平、剖面图

砖砌双室墓

2016TLA10M121
东汉
墓圹长10.5、宽3.1、深1.2米
由墓道、甬道、前室、后室组成

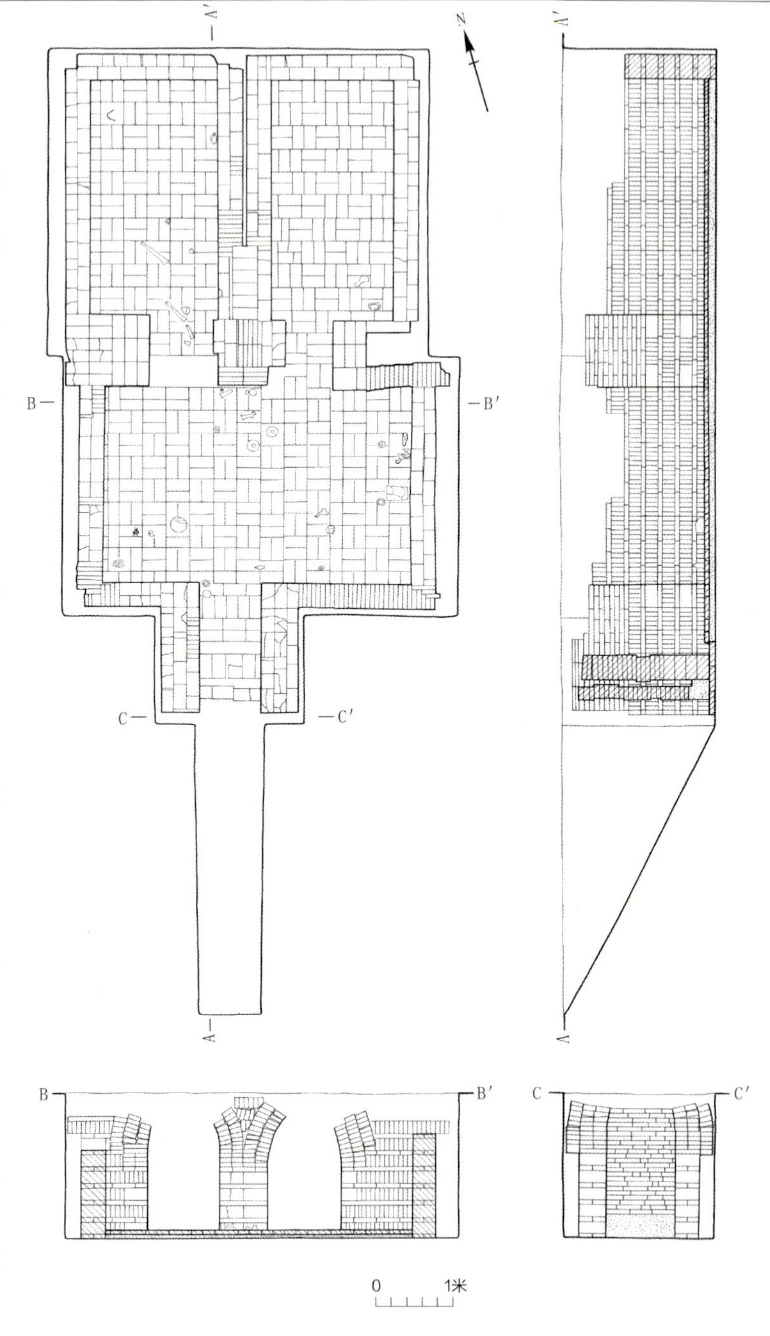

2016TLA10M157平剖面图

砖砌多室墓

2016TLA10M157

东汉

墓圹长12.6、宽2.54、深1.9米

由墓道、墓门、甬道、前室、东后室、西后室组成

砖砌多室墓

2016THM64

东汉

墓圹长15.04米，宽1.08—5.4、深2.93米

由墓道、墓门、甬道、前室、西后室、东后室组成

砖砌多室墓

2016TLA10M202

东汉

墓圹长9.72、宽2.8、深1.58米

由双墓道、横前室、双中室、横后室组成

砖砌多室墓

2016THM192

东汉

墓圹长16.1、宽1.02—5.4、深3米

由墓道、墓门、甬道、耳室、前室、中室、后室组成

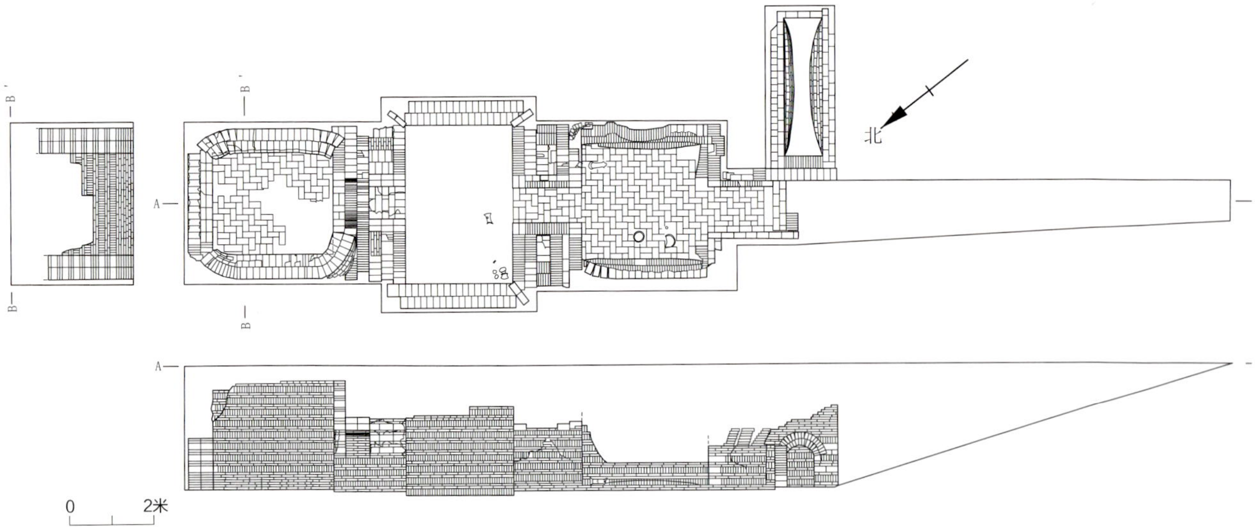

2016THM192平、剖面图

砖砌多室墓

2016THM510

东汉

墓圹长11.8、宽0.7—4.75、深1.8米

由墓道、甬道、墓门、侧室、前室及后室组成

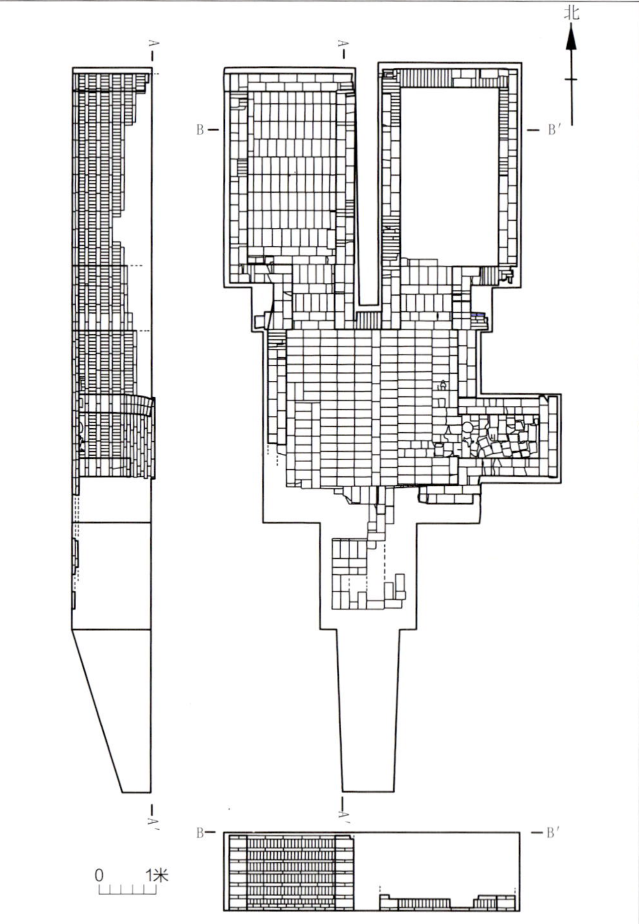

2016THM145平、剖面图

砖砌多室墓

2016THM145

东汉

墓圹长13.1、宽0.9—5.2、深1.4米

由墓道、墓门、甬道、前室、东耳室、东后室、西后室组成

砖砌多室墓

2016THM276

东汉

墓圹长14.1、宽0.9—7.7、深1.67米

由墓道、墓门、甬道、主室、南耳室、北耳室组成

双墓道砖砌八室墓

2016TLA10M12
东汉
墓圹长20.2、宽19.2、深1.9米
可分封土、双墓道、八墓室、
祭祀遗迹等部分

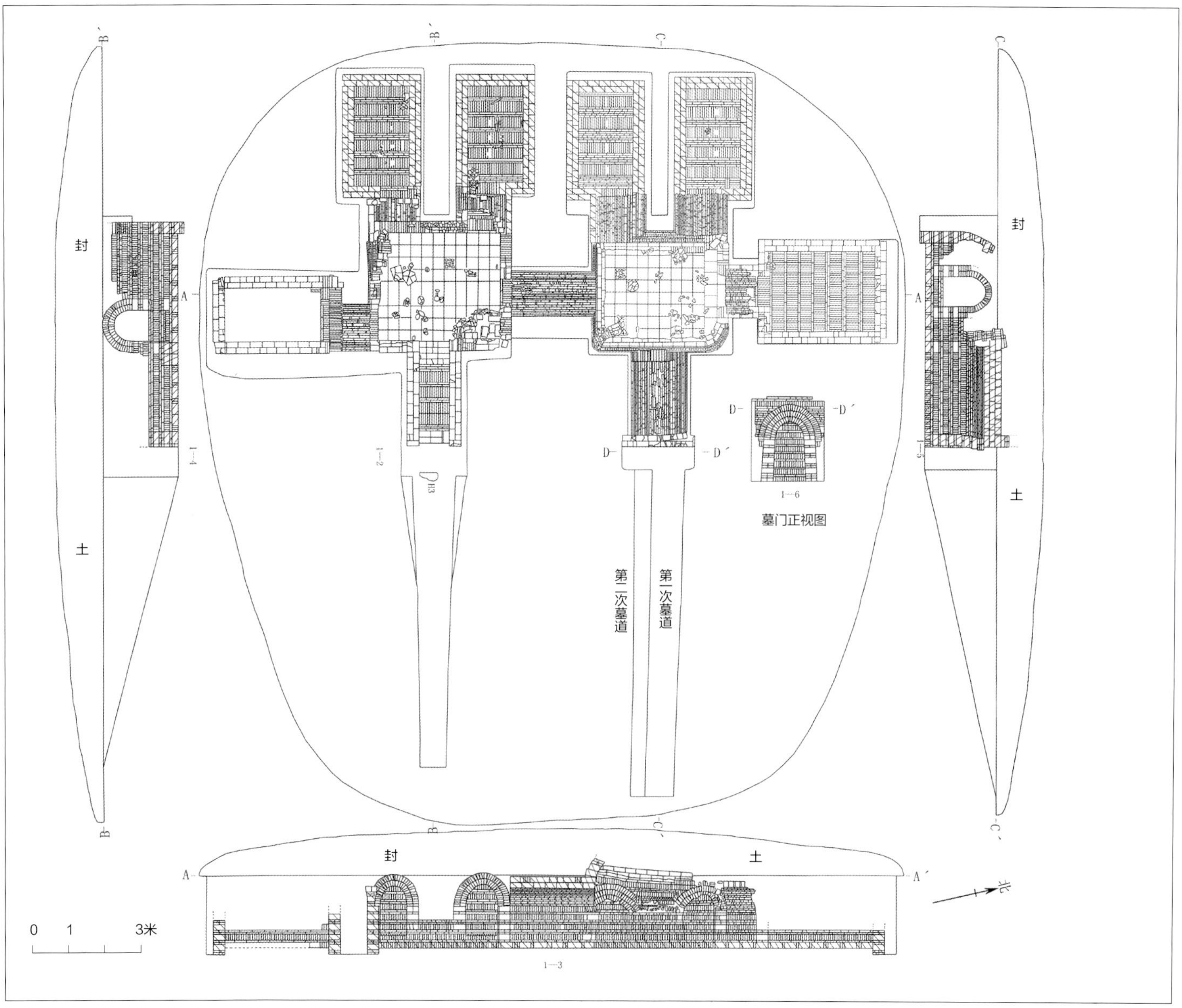

2016TLA10M12平、剖面图

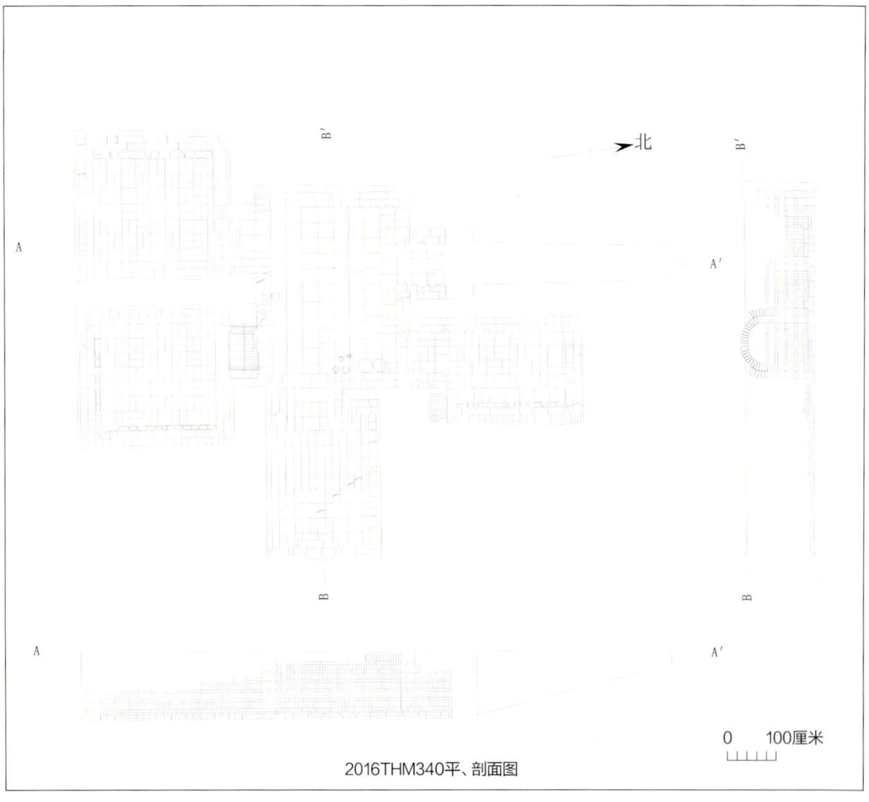

2016THM340平、剖面图

砖砌多室墓

2016THM340

东汉

墓圹长12.6、宽0.75—7.96、深1.4米

由墓道、墓门、前室、东侧室、西北侧室、东后室、西后室组成

第三节

唐代至明清时期的墓葬

唐墓均为砖室墓，可分为有墓道和无墓道两大类。有墓道的砖室墓均为单室墓，双室墓和多室墓基本不见，墓室平面可分为方形、弧方形、圆形等。其中，圆形墓室的出现是唐代砖室墓的一大特点，影响到辽金元时期砖室墓的形制。无墓道的砖室墓有梯形、船形等。

辽、金、元墓葬多为砖室墓，可分为有墓道和无墓道两大类。有墓道的砖室墓均为单室墓，墓室平面可分为圆形和方形。无墓道的砖室墓平面均为长方形，其中有一定数量的火葬墓。金代墓葬中，开始出现石板（石椁）墓。

明清时期的墓葬已基本不见砖室墓，竖穴土坑木棺墓的数量明显增多。

砖砌单室墓

2017THM422

唐代

墓圹长10、宽6、深2米

由墓道、甬道、墓门和墓室组成

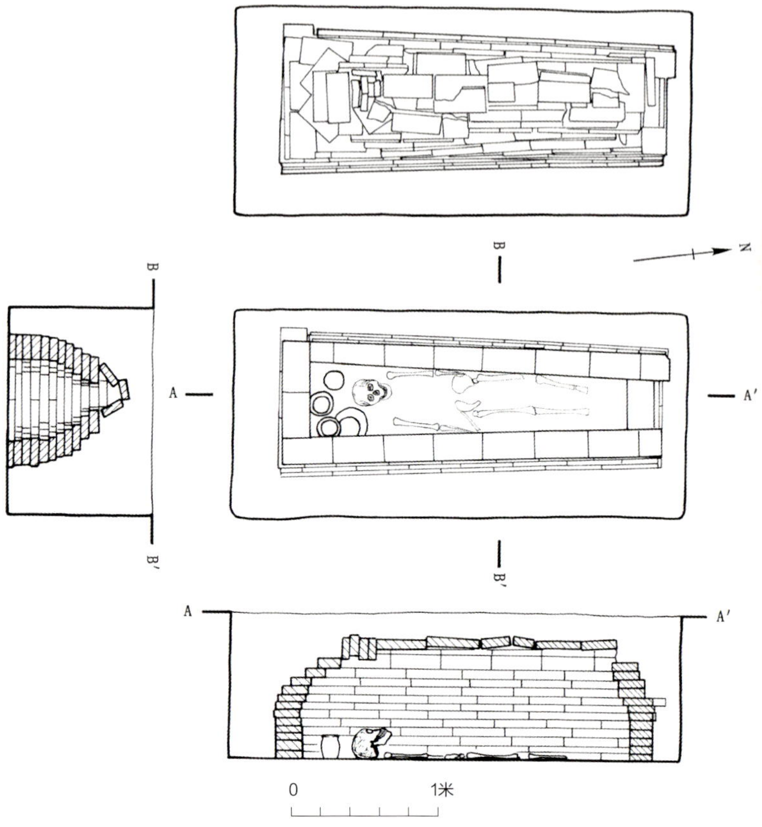

2016TLA10M7平、剖面图

砖砌单室墓

2016TLA10M7

唐代

墓室内长2.2、宽0.46—0.64、残高0.84米

砖砌单室墓

2017THM276

唐代

墓圹长2.4、宽1.6、深0.9米

砖砌单室墓

2017THM584

唐代

墓圹长8.78、宽1.12—3.6、深0.26—2.8米

由墓道、甬道、墓门和墓室组成

砖砌单室墓

2017THM494

辽代

墓圹长6.72、宽3.04、深1.41米

由墓道、墓门、甬道、墓室四部分组成

砖砌单室墓

2017THM493

辽金时期

墓圹长1.2、宽0.9、深0.8米

墓室南部有一砖砌祭台

砖砌单室墓

2017THM654

辽金时期

墓圹长1.46米，宽1.06米，深1.2米

砖砌单室墓

2017THM670

辽金时期

墓圹长1.73、宽0.30—1.36、深0.96米

由墓道、墓门和墓室组成

石室墓

2017THM545

辽金时期

墓圹长1.8、宽1.32—1.38、深1.32米

砖砌单室墓

2017THM681

元代

墓圹长6.80、宽0.86—3.45、深1.92米

由墓道、墓门和墓室组成

砖砌单室墓

2017THM682

元代

墓圹长7.54、宽0.72—3.36、深1.7米

由墓道、墓门和墓室组成

龟镇墓（明堂）

2017TLA05M66
明代
墓圹长1.86、宽1.48、深1.4米

竖穴土坑双人合墓

2016THM131
清代
墓圹长2.56、宽1.64—2.06、深1.5米

竖穴土坑三人合葬墓

2016THM407
清代
墓圹长2.84—3.2、宽1.02—2.8、深1.06米

第五章

路县故城城址外墓葬出土的器物

北京

城市副中心考古

第一辑

第一节

陶器

陶器是人类制作、生产、使用最为广泛的物品之一，也是考古遗址、墓葬中出土数量最多的文化遗物。因此，陶器的形制、装饰最为敏感地反映考古文化在时间和空间、年代与地域上的变化，在考古学文化研究中起着举足轻重的作用。同时，陶器还与自然环境、经济方式、社会组织、意识形态等方面均有着密切的关系。

陶器是墓葬中出土最多的器类。两汉时期，随着社会经济的发展和风尚的改变，随葬陶器的类型和形制都有了很大的变化。尤其是东汉时期，大量模拟现实生活的器物普遍随葬于墓葬之中，典型的有陶灶、井、磨、仓、楼以及各种各样的人物俑、动物俑等，可以说是当时真实生活的一个缩影。陶器以灰陶为主，红陶的数量较少；西汉早中期有一定数量的夹砂、加云母陶器，总体而言以泥质陶器为主。东汉的泥质灰陶器上，还常见以红彩绘制图案的装饰。东汉墓中还随葬有绿釉或黄釉陶器。这种低温铅釉陶，在釉面特征、釉料成分、胎料、制作技法、烧造火候、使用功能等方面都独具特色，不同于商周以降原始瓷器和高温灰釉陶器，又影响了唐宋时期三彩器的产生和发展，是汉代制陶业进一步发展的代表性产品。

灶的形状一般为立体三角形，前有灶门，中为灶面，后为烟囱。灶面有大灶眼一个，小灶眼一至二个。灶眼上置釜或镬。这种多火眼的陶灶，较之战国以前常用的地灶和单火眼陶灶，是一大进步，因为它既节省能源，又可有多种用途，在同一时间内，烧水、煮饭、炒菜三不误，高效方便。这时炉灶的烟突（烟囱）也有革新，战国以前的那种往往漏火成灾的直突不见了，代之而起的是曲突（突口穿出墙外）和高突（突口高出屋顶），这不仅能防火，而且可避免因烟尘在室内的散溢而引起的污染，还能提高烹饪的速度和质量。

厕所的出现是同农业的进步和人类的定居生活分不开的。汉代厕所建筑已出现多种形式，其中最常见的是猪圈、厕所合一形式。厕所与猪圈相通的建筑结构具有用人的排泄物作为猪食的一部分和为农业积粪的双重目的，但以饲养为主，主要目的是节省饲料。汉代陶厕模型，不仅反映了厕所本身随时代变迁而在结构、布局上的演变，还反映了当时厕所具备的家畜饲养、农业肥料的功能的变迁，可以了解汉代的社会生活和风俗面貌。

磨，是两汉时期常用的粮食脱壳、磨粉或磨浆工具。墓葬中出土的陶磨与实用的石磨在形态上基本相同。碓，是利用杠杆原理，在杵臼的基础上创制的一种稻谷加工机械。其形制是在木架上装一根长的杠杆，杠杆一端装着碓头，人用脚踩杠杆的另一端，借助身体下压的力量，使碓头翘起。当脚移开时，碓头下落，舂击臼中的稻谷。踏碓者可一人，也可两人协力完成，远比完全凭借人的双臂肌肉力量来舂米的杵臼要省力得多，且效率又是杵臼的十倍。陶踏碓俑生动逼真地再现了汉代人踏碓舂米的情景。

耳杯又称杯、羽觞、具杯，是一种汉代常见的器物，基本形制是扁椭圆，弧形壁，浅腹

一、战国、西汉

平底，口缘两侧各有一个半月形耳或方形耳。这种器物始于春秋战国，是由椭杯、舟演变而来，盛行于秦汉至魏晋、南北朝，唐代以后很少再能见到。耳杯在汉代作为饮酒实用器、随葬品、明器一直广泛使用，这和当时国强民富、粮食充足、嗜酒豪饮、厚葬盛行有着直接的联系，是社会生活的真实反映。

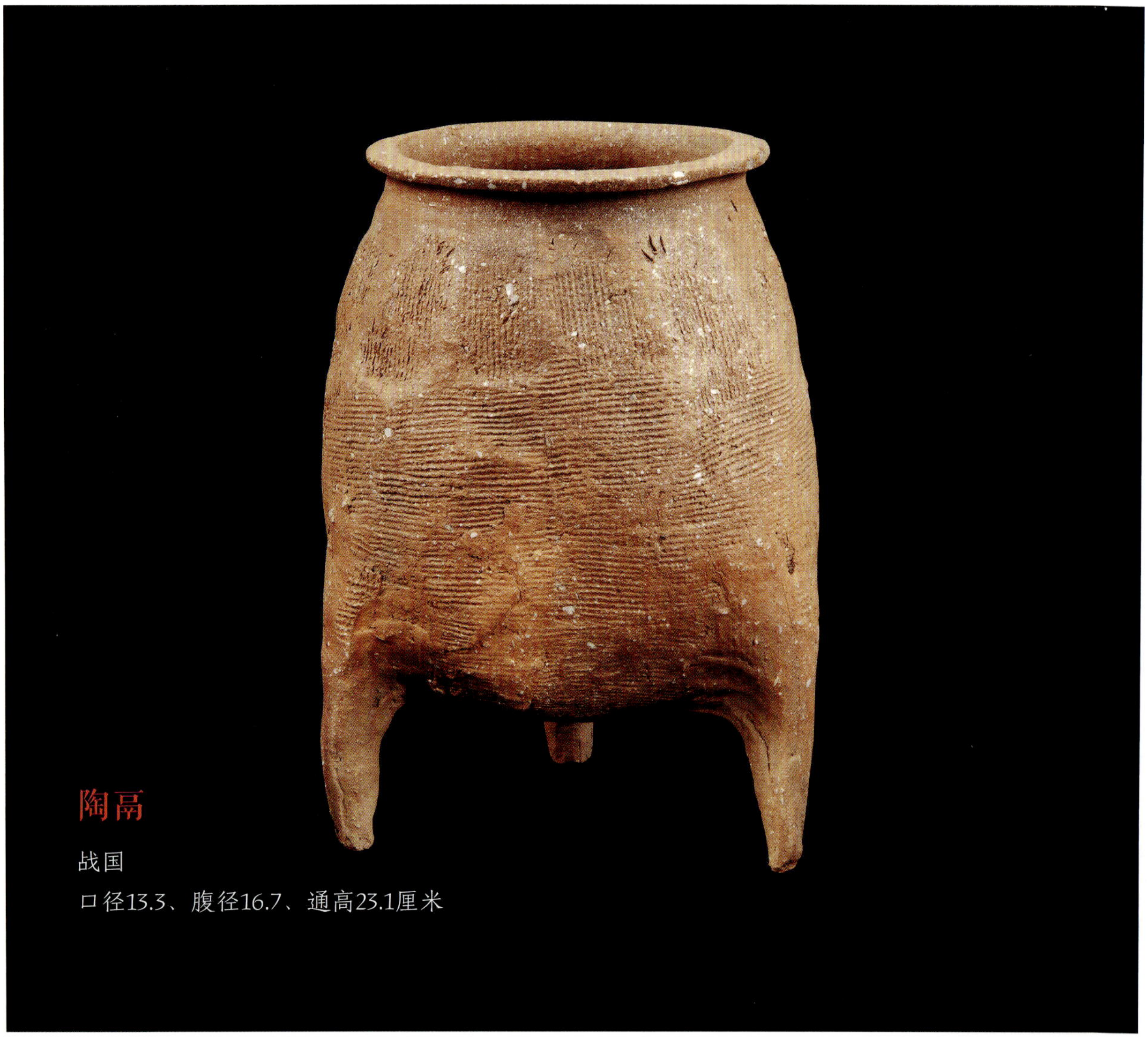

陶鬲
战国
口径13.3、腹径16.7、通高23.1厘米

陶鼎

战国

口径13.5、通高17.5厘米

陶豆

战国

口径19.1、通高29.5厘米

陶壶

战国

口径13.2、腹径22.2、足径14.5、通高39.4厘米

陶瓮

西汉

口径40、腹径62、通高82厘米

筒形瓮

西汉

口径38、腹径40、通高108厘米

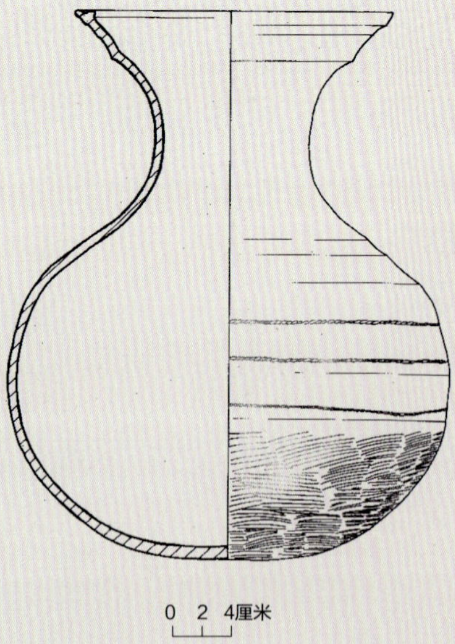

陶壶

西汉

口径21.3、腹径29.9、通高38.3厘米

陶壶

西汉

口径9.7、腹径22.4、底径7.5、通高27.9厘米

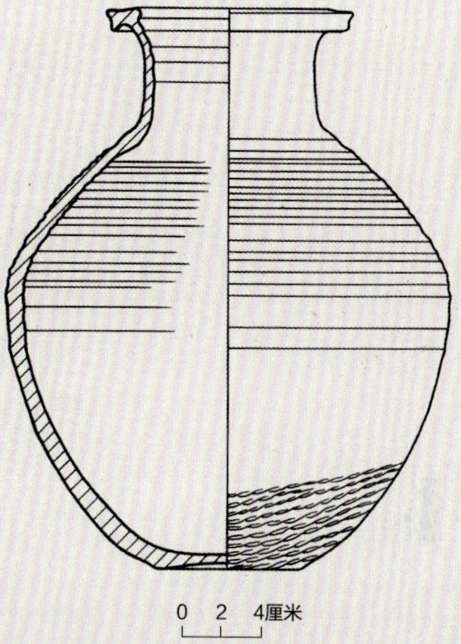

陶壶

西汉

口径10.8、腹径21.6、底径8、通高26.2厘米

陶壶

西汉

口径12.7、腹径21、底径15.4、通高30厘米

陶壶

西汉

口径23.5、腹径35.5、底径22.5、通高67厘米

陶壶

西汉

口径23.5、腹径41.5、底径23.6、通高69.8厘米

陶壶

西汉

口径16.9、腹径29.2、底径15.3、通高46.5厘米

陶罐

西汉

口径14.4、腹径42.5、通高37厘米

陶碗

西汉

口径14、通高6.6厘米

陶钵

西汉

口径13、通高6.9厘米

陶熏炉

西汉

口径13.2、底径14.3、通高28厘米

陶鼎

西汉

口径16.2、通高16.1厘米

陶鼎

西汉

口径10.2、通高18.3厘米

二、东汉

陶罐

东汉

口径19.5、腹径37.2、底径15.5、通高58.2厘米

陶罐

东汉

口径10、腹径16.8、底径13.2、通高26.4厘米

陶罐

东汉

口径13.9、腹径21.2、底径9.3、通高25.7厘米

陶罐

东汉

口径10、腹径16.8、底径13.2、通高26.4厘米

陶罐

东汉

口径10.9、腹径24.6、底径17.3、
通高18.6厘米

陶罐

东汉

口径12.8、腹径24.2、底径8、
通高22.2—23厘米

陶罐

东汉

口径9.3、腹径16、底径9.8、通高16.2厘米

陶罐

东汉

口径22.7、腹径34.7、底径12.5、通高30.5厘米

陶罐

东汉

口径10.2、腹径22、底径8.5、通高22.3厘米

陶罐

东汉

口径11.5、腹径14、底径6.7、通高13.2厘米

陶罐

东汉

口径10.3、底径7.8、通高16.8厘米

陶罐

东汉

口径10.5、腹径26.3、底径13、
通高21厘米

双系陶罐

东汉

口径10.7、腹径22.5、底径13.2、通高20.8厘米

陶鼎

东汉

口径11.3、腹径19.2、底径12.2、通高17.5厘米

带盖陶壶

东汉

口径17.3、腹径26.7、底径18.1、通高47厘米

陶壶

东汉

口径11、腹径26.5、底径10.2、通高35厘米

陶壶

东汉

口径13.2、腹径22、底径11、
通高30.8—31.6厘米

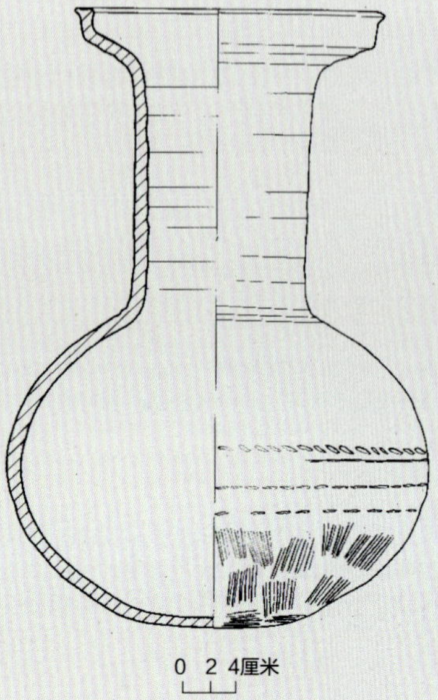

陶壶

东汉

口径22.6、腹径31.7、通高47.7厘米

陶壶

东汉

口径17.6、腹径23.6、通高30.7厘米

陶壶

东汉

口径14.9、腹径19.9、底径16.2、通高36厘米

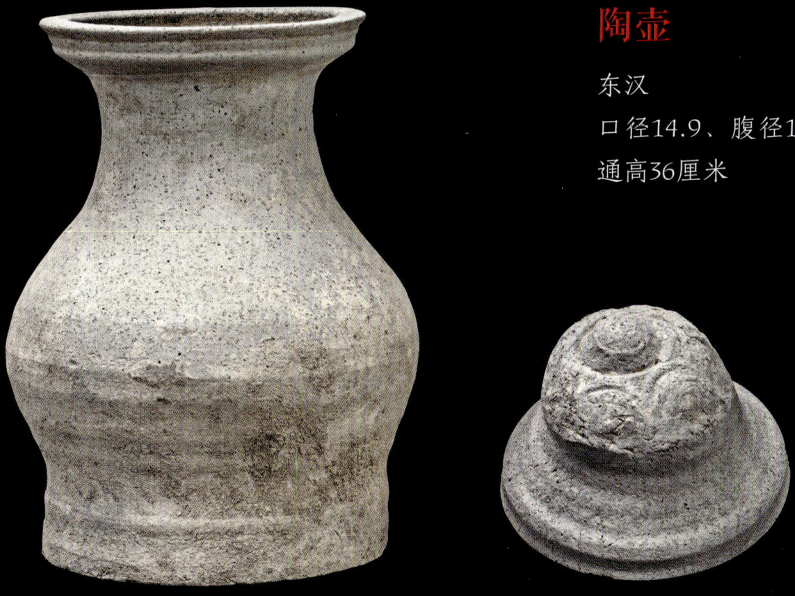

陶扁壶

东汉
口径8、腹径20、底径16.5、
通高23厘米

陶盂

东汉
口径9、腹径16、底径11、
通高10厘米

陶碗

东汉

口径13、通高5厘米

陶碗

东汉

口径12.5、通高5厘米

陶盆

东汉

口径32.2、底径15.5、通高11厘米

陶盆

东汉

口径20.5、底径6、通高8.6厘米

陶盆

东汉

口径26.3、底径15.2、通高5.5厘米

陶盆

东汉

口径32、通高6厘米

陶盘

东汉

口径26.5、通高4厘米

陶盘

东汉

口径28.7、通高2厘米

陶盘

东汉

口径22、底径10.2、通高4.3厘米

黄釉盘

东汉

口径17.9、底径12.5、通高2.4厘米

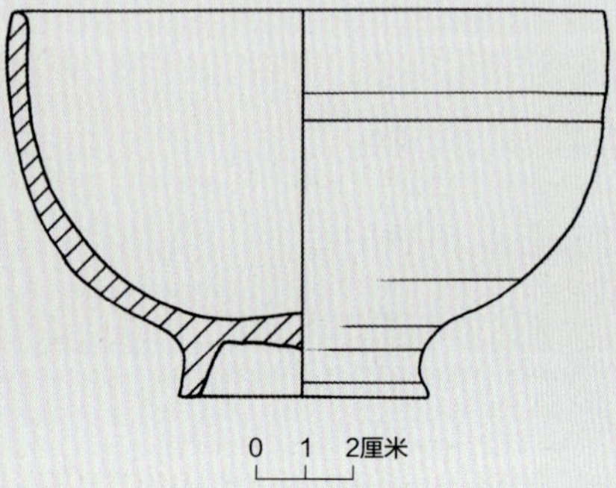

黑陶碗

东汉

口径12.2、底径5.2、通高8.2厘米

陶碗

东汉

口径16.8、底径5、通高6.8厘米

陶瓮

东汉

口径19.8、腹径39.4、通高32.4厘米

陶杯

东汉

口径8.4、底径4、通高6.8厘米

黄釉耳杯

东汉

口径8.3、底径1.9、通高3.4厘米

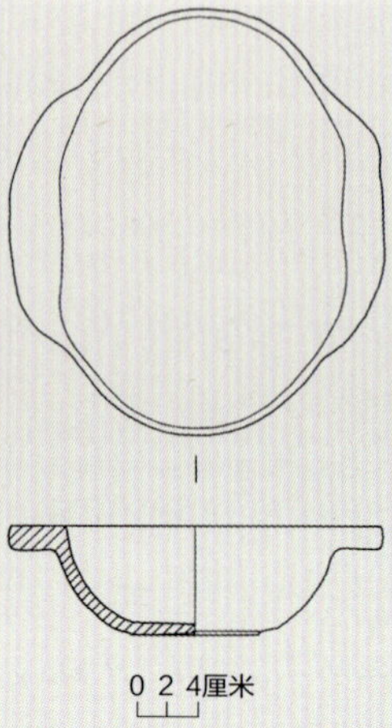

陶耳杯

东汉

口径12.4、底径4.2、通高4厘米

陶耳杯

东汉

口径长12.4、宽7.4、底长7、宽4、通高4.2厘米

陶耳杯一组

东汉

口径13、底径8.5、通高5厘米

陶盒

东汉

长24.5、宽15.6、通高12厘米

陶盒

东汉

长34.1、宽20.8、通高19.3厘米

陶奁

东汉

口径26、通高19.5厘米

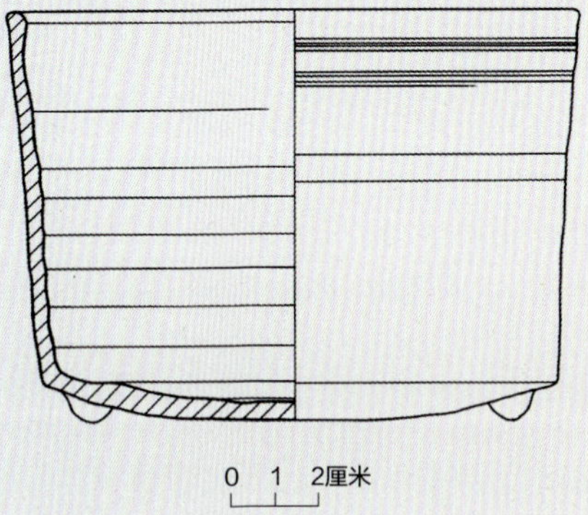

陶奁

东汉

口径22.6、底径20.8、通高12.6厘米

陶奁

东汉

口径22.1、底径22.4、通高9.9厘米

陶樽

东汉

口径16.7、通高12.5厘米

陶案

东汉

直径34.2、通高8.3厘米

陶案

东汉

直径38、通高4厘米

陶案

东汉

长35.5、宽27.5、厚2.5厘米

陶案

东汉

长63.7、宽43.7、厚2.5厘米

陶魁

东汉

口长16.3、底径6.4、通高11厘米

陶魁

东汉

口长14、底径6.9、通高7厘米

陶魁

东汉

通长24.2、底径12.8、通高12.2厘米

陶魁

东汉

通长21厘米

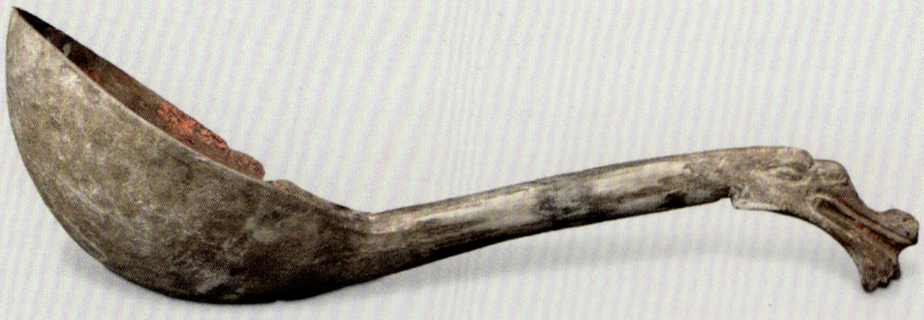

陶勺

东汉

通常24厘米

陶勺

东汉

口径9.6、底径5、通高9.5厘米

陶勺

东汉

通长10厘米

陶灯

东汉

口径11、底径15、通高17.5厘米

陶灯

东汉

口径12.4、底径13.9、通高15.9厘米

陶灯

东汉

口径10.8、底径13.9、通高15.2厘米

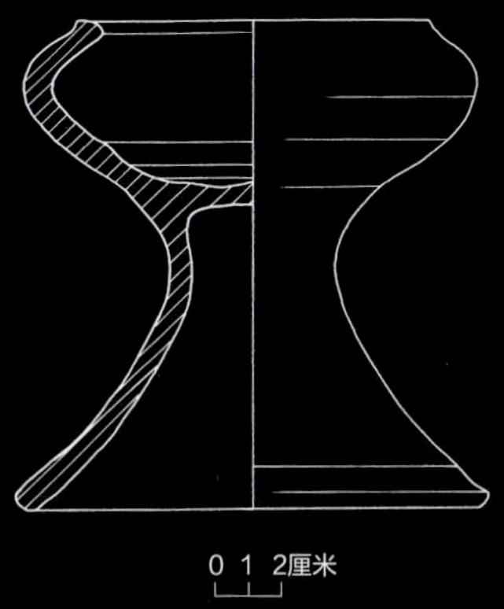

陶灯

东汉

口径12、底径11.6、通高14厘米

陶灯

东汉

口径12.5、通高17厘米

陶灯

东汉

口径11.1、底径8、通高16厘米

陶熏炉

东汉

炉身口径7.6、座口径11.2、底径9、通高13厘米

陶磨盘

东汉

直径11.2、通高4.3厘米

陶虎子

东汉

长23、宽10、通高16厘米

陶虎子

东汉

长18.7、通高12.3厘米

陶斗

东汉

口径3.2、腹径4.2、底径2.7、通高5厘米

陶灶

东汉

长23.4、宽17、通高9.4厘米

陶灶

东汉

长17.5、宽10—19、通高16.5厘米

陶灶

东汉

径长23.6、通高8.3厘米

陶灶

东汉

长19、通高12.5厘米

陶灶

东汉

径长14.2、通高6.2厘米

陶灶

东汉

口径9.3、底径15.5、通高10.5厘米

陶灶

东汉

长26、宽26、通高10厘米

陶炉一组

东汉

最大直径22、通高20厘米

陶井

东汉

口径16.3、底径17、通高9厘米

陶井

东汉

口径17.5、底径18.3、通高11.2厘米

陶井

东汉

口径15.3、底径11.1、通高9.7厘米

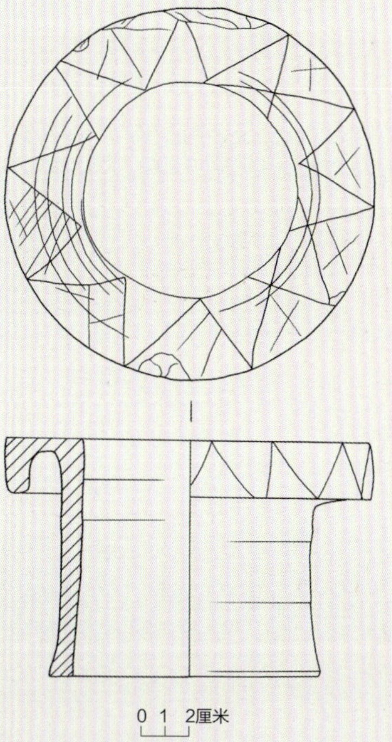

陶井

东汉

口径14、底径11.3、通高11.1厘米

陶仓

东汉

腹径25、底径19.4、通高27.7厘米

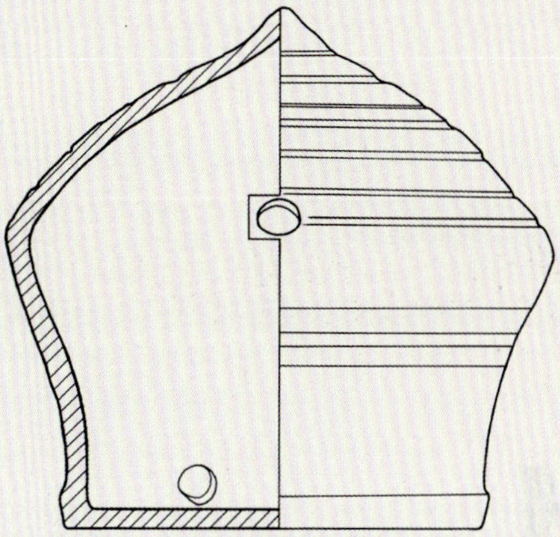

陶仓

东汉

腹径28、底径21.5、通高26.5厘米

陶仓

东汉

腹径24.5、底径17、通高23厘米

陶仓

东汉

口径35、底径23.6、通高31.6厘米

陶仓

东汉

最大径17.3、底径13.3、通高20.3厘米

陶仓

东汉

口径12.7、底径21.1、通高19.6厘米

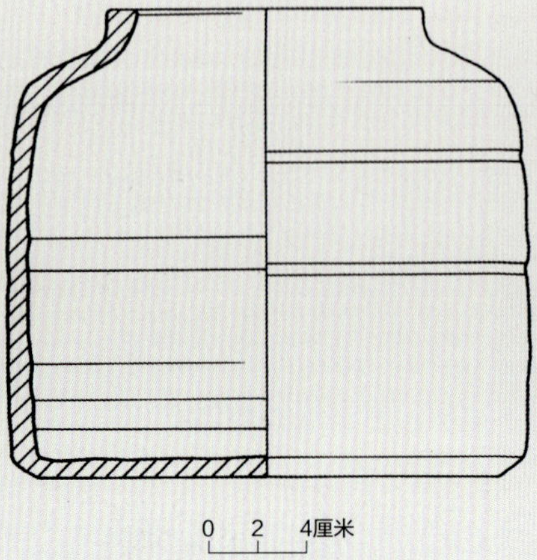

陶仓

东汉

口径长20、宽14.4厘米，底径长18.8、宽14.4、通高29.8厘米

陶仓

东汉

宽17.5、厚17.5、通高36厘米

陶仓

东汉

上宽34.7、下宽27.1、通高32.7厘米

陶仓

东汉

宽26.5、厚12.5、通高25厘米

陶仓楼

东汉

宽22.6、通高32.7厘米

陶仓楼

东汉

底径长24.7、宽18.9、通高24厘米

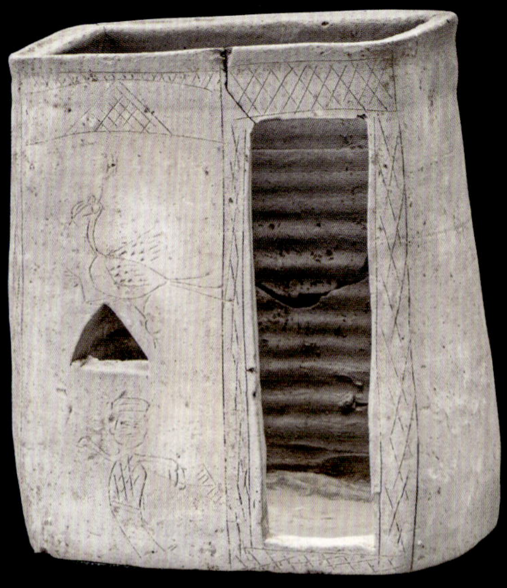

陶厕

东汉

长16、宽11、通高18厘米

陶楼

东汉

宽12.5—22、通高53厘米

陶俑

东汉

通高9厘米

陶俑

东汉

通高6.6厘米

陶俑

东汉
通高17厘米

陶庖厨俑

东汉
通高27.1厘米

陶俑

东汉

通高20.5厘米

陶俑

东汉

通高12.2厘米

陶踏碓模型

东汉
通高10厘米

陶狗

东汉
长22.6、通高15.6厘米

陶狗

东汉
长15、通高7厘米

陶狗

东汉

长10.2、通高7.9厘米

陶猪

东汉

长13.1、通高4.4厘米

陶羊

东汉

长16、通高11.4厘米

陶羊

东汉

长22、通高12.7厘米

陶鸡

东汉

长19.7、通高20.3厘米

陶鸡

东汉

长10.3、通高8.2厘米

陶鸡

东汉

长12.5、通高11.3厘米

陶鸡

东汉

长16.2、通高12.7厘米

陶鹅

东汉

长20.6、高32.3厘米

陶鸭

东汉

长18.9、高16.4厘米

铺地方砖

东汉

边长33、厚6.2厘米

铺地方砖

东汉

边长32、厚6.3厘米

铺地方砖

东汉

边长35、厚6.2厘米

铺地方砖

东汉

长34、宽30、厚6.2厘米

铺地方砖

东汉

长33、宽29、厚6厘米

铺地方砖

东汉

长34.5、宽32、厚6厘米

铺地方砖

东汉

边长29.5、厚6厘米

铺地方砖

东汉

边长35、厚6.2厘米

铺地方砖

东汉

边长45.5、厚8.2厘米

铺地方砖

东汉

边长46、厚7厘米

朱砂拓

三、唐代

陶罐

唐代
口径11.8、腹径25.1、底径12.7、
通高33.7厘米

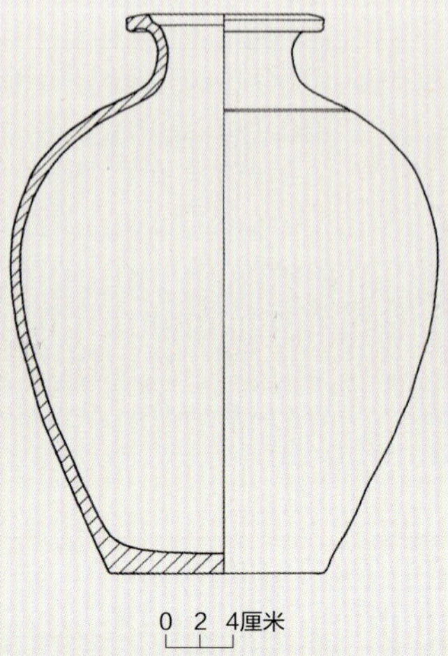

陶罐

唐代

口径16.5、腹径25.7、底径13.2、通高26.4厘米

陶罐

唐代

口径10.1、腹径13.9、底径7.7、通高14厘米

陶罐

唐代

口径13.4、腹径16、底径9、通高19.4厘米

双系陶罐

唐代

口径15.5、腹径29.1、底径14.6、
通高35厘米

双系釉罐

唐代

口径6.2、腹径13.6、底径6.5、
通高17.2厘米

陶盘

唐代

口径15.3、底径6.5、通高2.4厘米

陶盘

唐代

口径20.9、底径16.5、通高2.4厘米

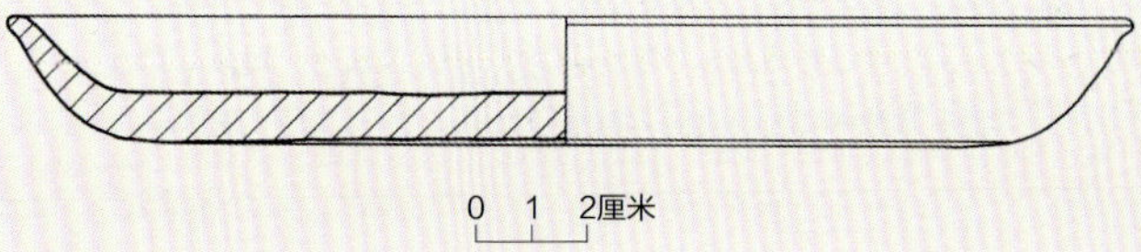

三彩炉

唐代

口径13.2、腹径22、通高18厘米

陶碗

唐代

口径13.8、底径6.4、通高8.4厘米

陶釜

唐代

口径4.4、底径3.2、通高4.7厘米

四、辽金元时期

带盖陶罐

辽金时期

口径10.5、腹径16.2、通高18.6厘米

陶罐

元代

口径9.6、腹径12.3、底径6.3、通高15厘米

双系陶罐

元代

口径10.8、底径5.6、通高11.4厘米

执壶

辽金时期

口径6、底径6.8、通高16厘米

执壶

辽金时期

口径5.4、底径3.8、通高9.5厘米

三足盘

辽金时期

口径12.5、底径9、足高3.8、通高5.7厘米

五足盘

元代

口径17.1、通高4.5厘米

陶釜

辽金时期

口径7.6、底径3.9、通高7.8厘米

陶剪

辽金时期

通长19.3厘米

陶灯

辽金时期

口径4.6、底径5.1、通高11厘米

陶棺

辽金时期

长49.5、宽33—22.5、通高19.5厘米

第二节

瓷器

从唐代开始，有较多的瓷器出土。唐墓中随葬的瓷器以北方生产的白瓷为主。辽、金、元时期，随着北京的政治地位逐渐上升，南北方往来的加强，瓷器生产的繁荣，除了北方定窑生产的白瓷、钧窑生产的青瓷、磁州窑生产的白地黑花瓷器等，墓葬中也常常出土南方生产的青白釉、卵白釉瓷器、龙泉窑瓷器等。

四系瓶出现于金代，流行于元代，其烧造的中心窑场在河北磁县彭城镇。四系瓶是磁州窑产品中颇具特色的一类器物，其装饰技法以磁州窑传统的白地黑绘为主，其内容有花草、龙凤、诗词等。四系瓶作为盛酒用具，反映了当时酒肆繁昌、饮酒之风盛行的现实。

一、唐代

蒜头壶

唐代

口径2、腹径11、底径6.5、通高18.2厘米

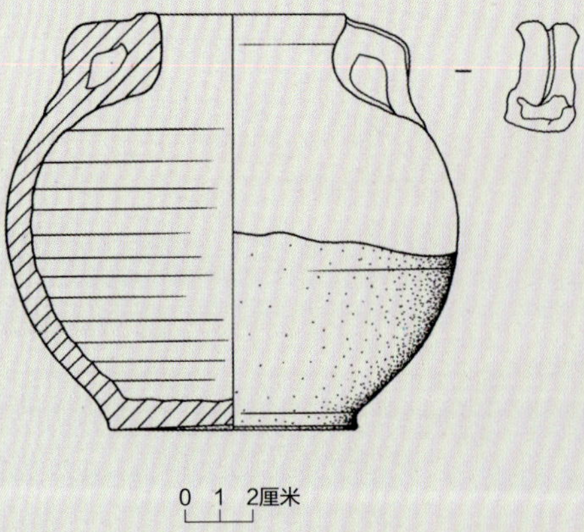

双系罐

唐代

口径6.7、腹径13.6、底径7.4、通高12.4厘米

执壶

唐代

口径4、腹径11、底径4、通高15厘米

白釉瓷炉

唐代

口径11.9、腹径10.6、底径5.6、通高7.3厘米

白瓷钵

唐代

口径21.1、通高11.1厘米

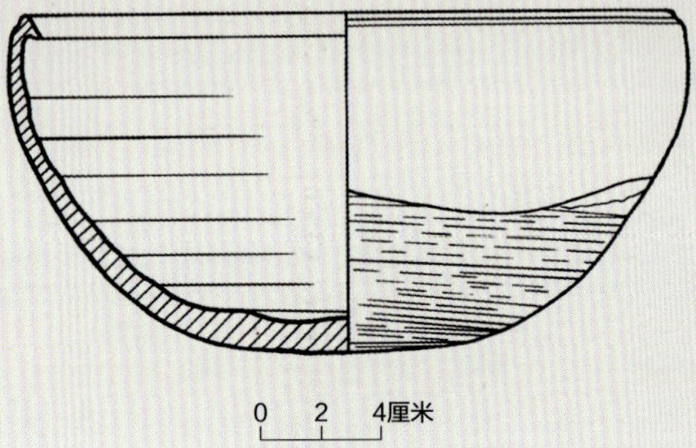

绿釉瓷碗

唐代

口径20.7、底径8.3、通高6.4厘米

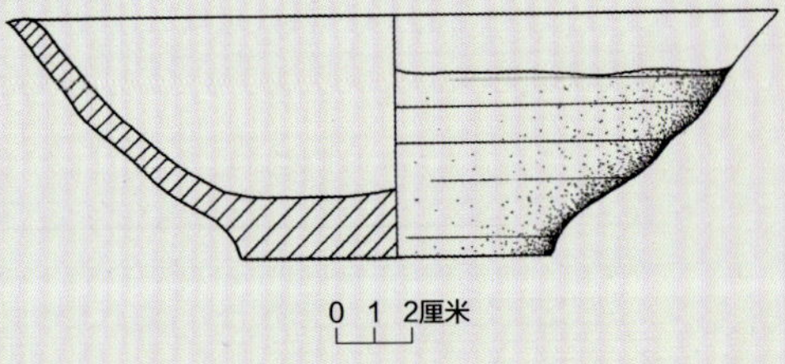

黄釉瓷碗

唐代

口径22.1、底径8.7、通高7厘米

白瓷碗

唐代

口径10.2、底径6、通高6厘米

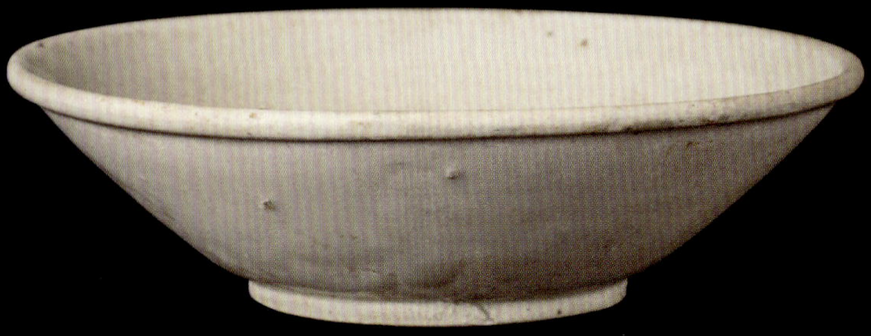

白瓷碗

唐代

口径15、底径6.5、通高4.4厘米

白瓷碗

唐代

口径13.5、底径6.5、通高4厘米

白瓷碗

唐代

口径8.6、底径5.6、通高6厘米

白瓷碗

唐代

口径13.9、底径5.7、通高8.4厘米

白釉瓷钵

唐代

口径12、底径8、通高10厘米

黄釉盘

唐代

口径17.4、底径8.4、通高3.7厘米

白瓷盘

唐代

口径12.9、底径6.2、通高3.9厘米

二、辽金元时期

白瓷碗

辽金时期

口径23、底径6.8、通高8.6厘米

白瓷碗

辽金时期

口径18.8、底径7.7、通高6.4厘米

瓷碗

辽金时期

口径19.4、底径6.2、通高5厘米

青白瓷碗

辽金时期
口径10、底径3、通高4.1厘米

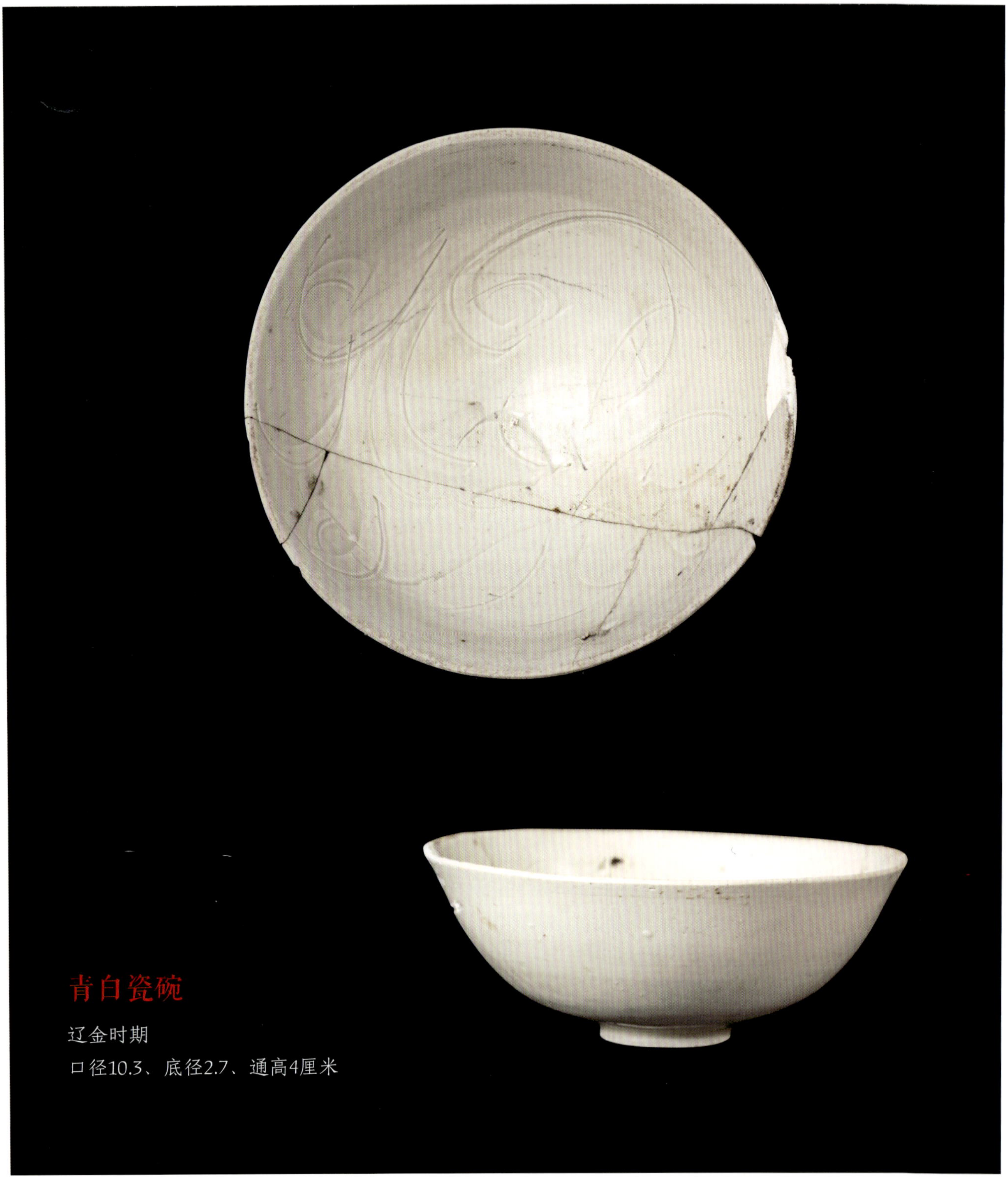

青白瓷碗

辽金时期

口径10.3、底径2.7、通高4厘米

青白瓷碗

辽金时期

口径9.4、底径2.8、通高3.8厘米

白瓷盘

辽金时期

口径19.2、底径7.8、通高3.5厘米

青白瓷钵

辽金时期

口径10.8、底径5.1、通高8.3厘米

白地黑花碗

元代

口径21、底径7.2、通高6.5厘米

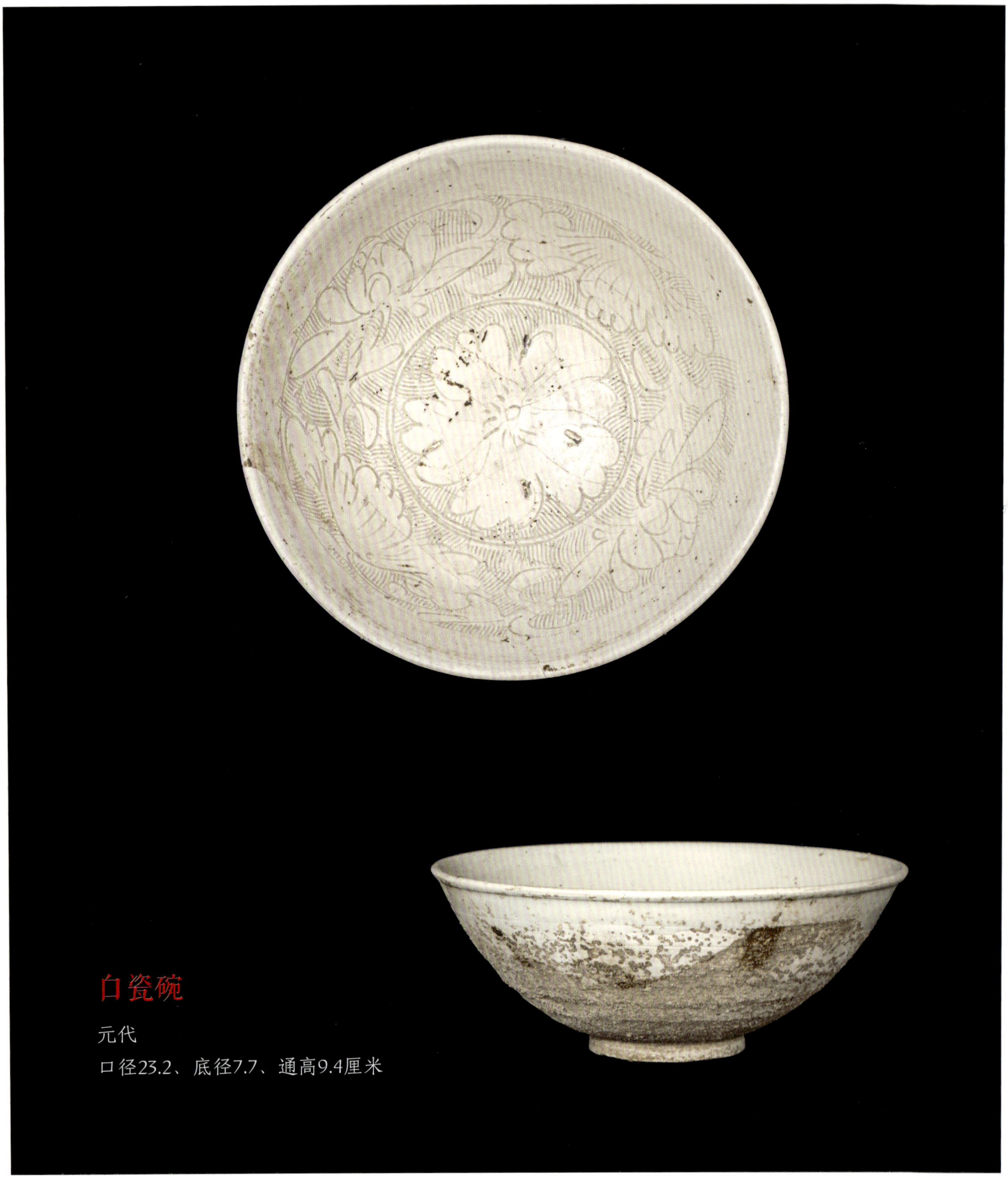

白瓷碗

元代

口径23.2、底径7.7、通高9.4厘米

白瓷碗

元代

口径19、底径6.5、通高10厘米

白瓷碗

元代

口径15、底径5、通高5.5厘米

白瓷碗

元代

口径13.4、底径5、通高4.2厘米

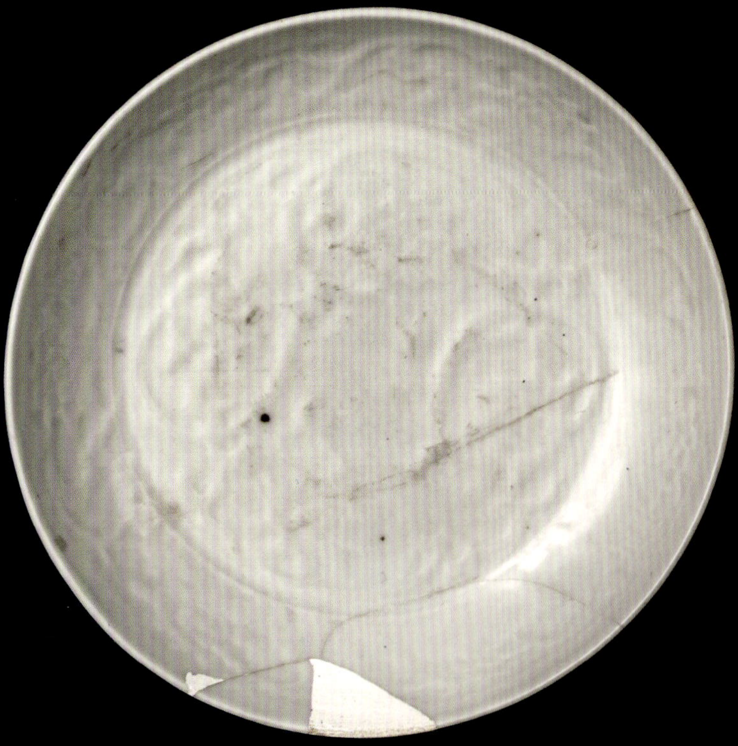

白瓷碗

元代

口径12.5、底径5、通高4.9厘米

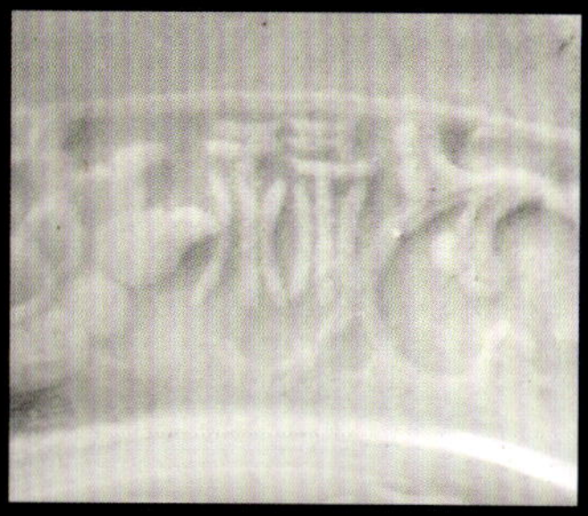

钧窑瓷碗

元代

口径19.5、底径6.6、通高8.7厘米

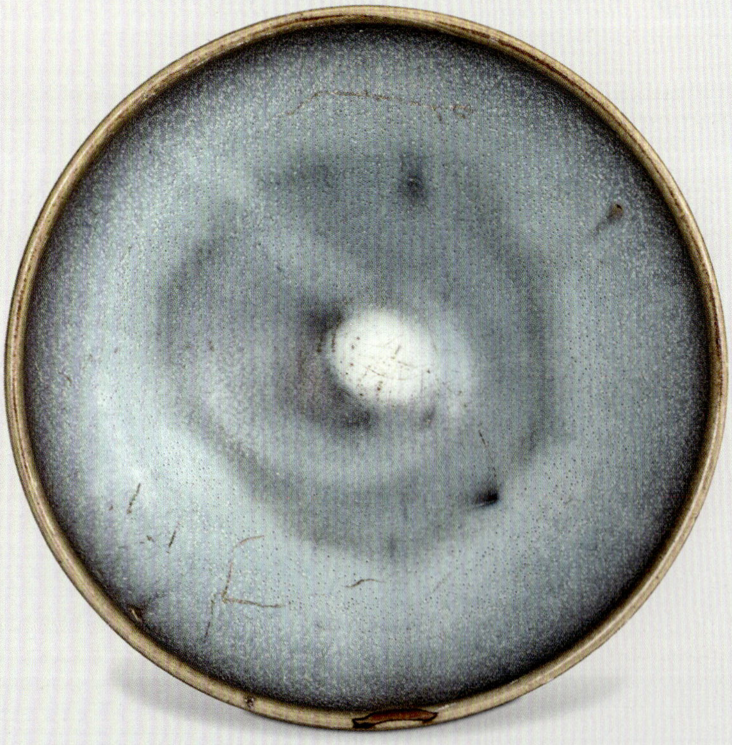

钧窑瓷碗

元代

口径13.8、底径5.7、通高5厘米

青瓷碗

元代

口径19.1、底径6.5、通高7.8厘米

白瓷盘

元代

口径16.5、底径7.5、通高2.1厘米

白瓷盘

元代

口径16.7、底径5、通高4.2厘米

“枢府”是元朝最高军事机构枢密院的简称。“枢府”款瓷器为枢密院的定制用瓷。

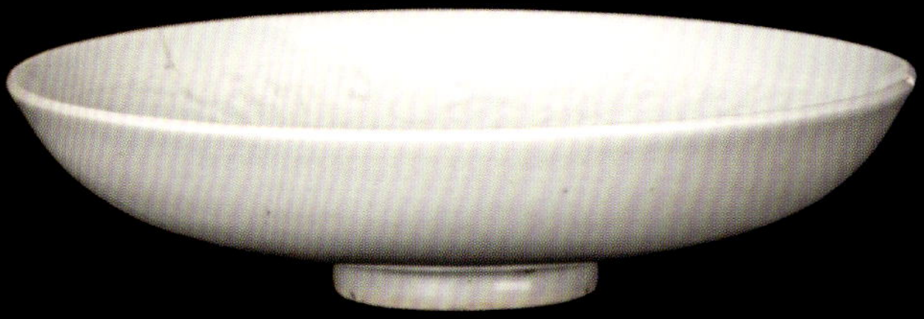

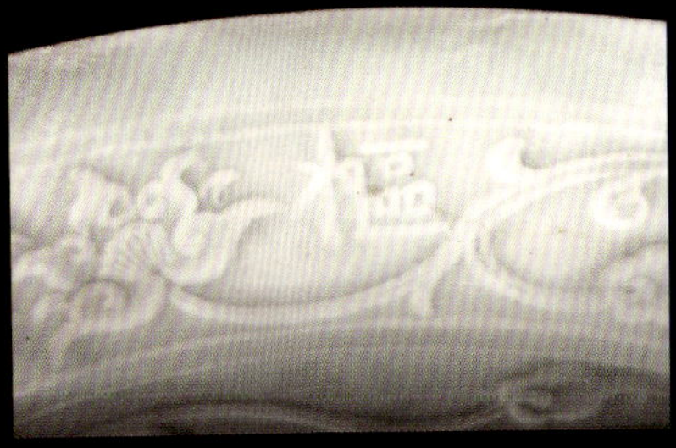

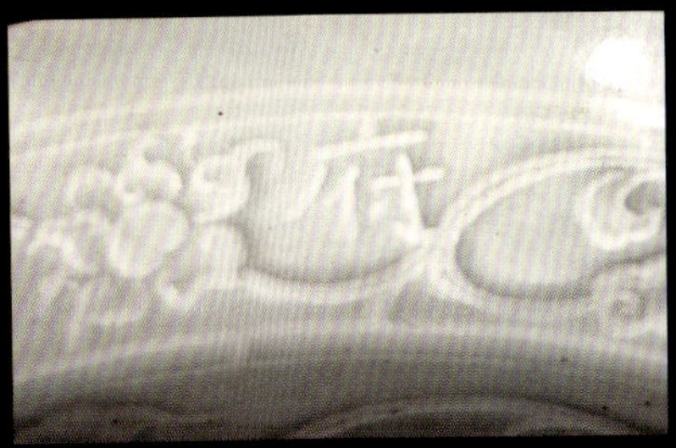

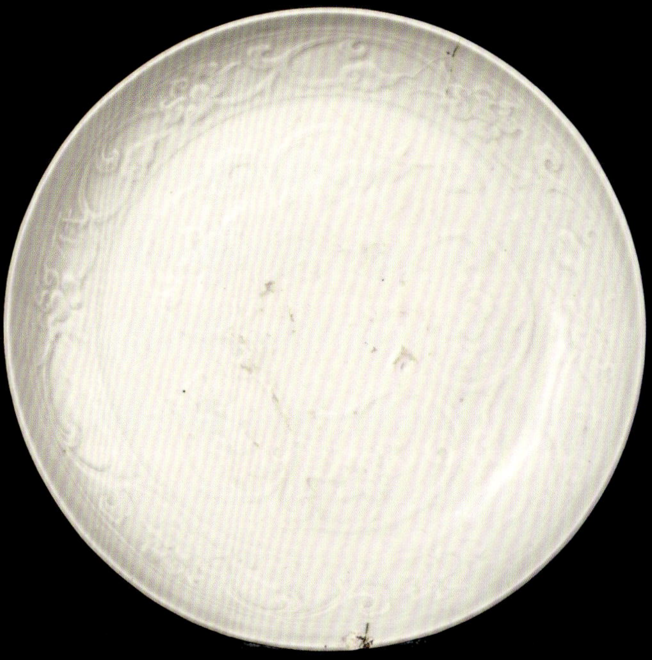

青釉瓷盘

元代

口径16、底径6.3、通高3.4厘米

青釉瓷盘

元代

口径13.3、底径6、通高3厘米

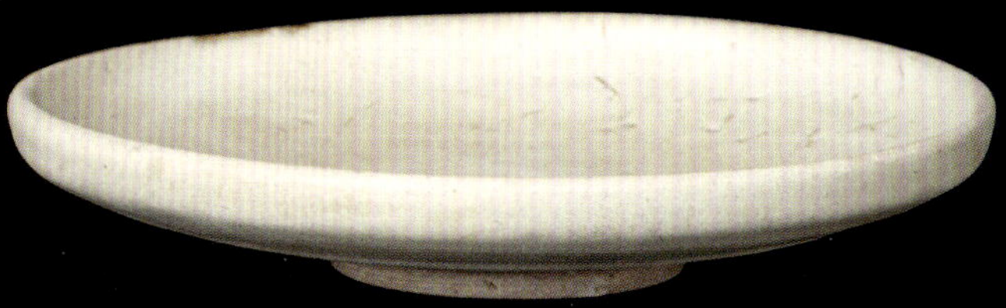

白瓷盘

元代

口径16、底径6、通高3厘米

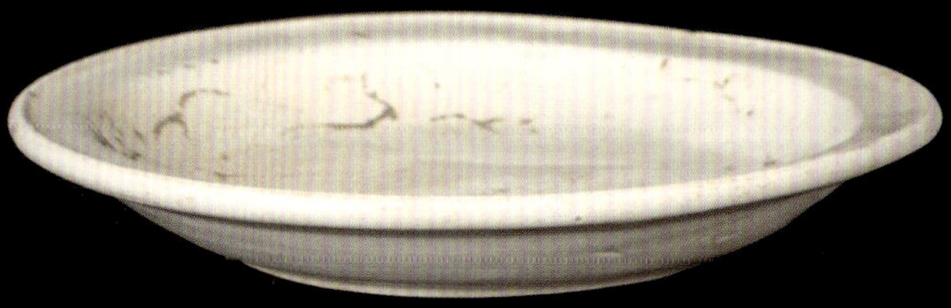

白瓷盘

元代

口径17.5、底径9.8、通高2.8厘米

高足杯

元代

口径11、底径3.5、足高3.2、通高7.5厘米

青瓷杯

元代

口径7.9、底径5、通高5厘米

白地黑花瓷罐

元代

口径10.4、底径7.5、通高13厘米

白地黑花瓷罐

元代

口径10.4、底径6.8、通高12

双系瓷罐

元代

口径18.1、最大腹径27.6、底径11、通高22.5厘米

双系酱釉罐

元代

口径9.4、底径7、通高15厘米

黑釉罐

元代

口径10.5、底径9.6、通高19.7厘米

白地黑花四系瓶

元代

口径4.3、腹径17.3、底径9.5、
通高28.3厘米

白地黑花四系瓶

元代

口径4.5、腹径17.8、底径9.2、
通高28.6厘米

白地黑花四系瓶

元代

口径4.6、底径9.6、通高32.2厘米

白瓷瓶

元代

口径7.3、腹径11.1、底径5、通高20厘米

双系瓷瓶

元代

口径5.2、腹径17.4、底径5.6、通高31.5厘米

双系瓷瓶

元代

口径5.2、腹径16.7、底径5.8、通高33.6厘米

鸡腿瓶

元代

口径5.9、底径6.8、通高41.7厘米

鸡腿瓶

元代

口径6、底径6、通高40.2厘米

三、明清时期

青花折枝牡丹瓷罐

清代
口径9.2、腹径20.8、底径16.5、
通高20.7厘米

青花缠枝莲花瓷罐

清代
口径9.1、最大腹径23.6、底径17.3、
通高22厘米

青花瓷罐

清代

口径6、腹径17、底径12.5、通高16厘米

第三节

金属器

刀币2件

战国

长13.8、宽1.2—1.6厘米

带钩

西汉

通长14厘米

带钩

西汉

通长4.3厘米

铜戈

西汉

长21、宽11厘米

铜镞

东汉

长3、宽1厘米

铜环首刀

东汉

宽2.4—3.2、通长74厘米

铜车马器

东汉

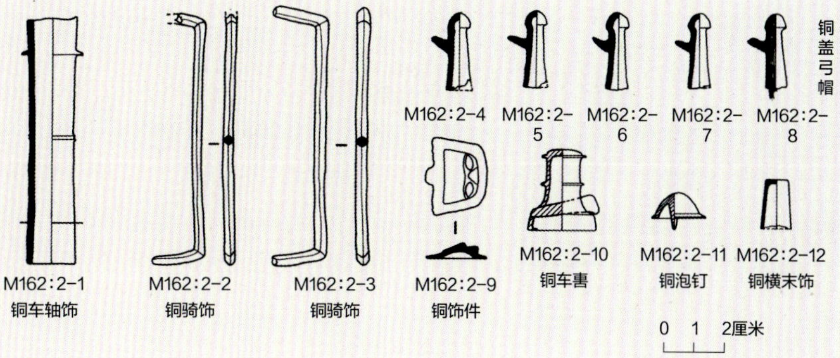
M162:2-1
铜车轴饰
M162:2-2
铜骑饰
M162:2-3
铜骑饰
M162:2-4
M162:2-5
M162:2-6
M162:2-7
M162:2-8
铜盖弓帽
M162:2-9
铜饰件
M162:2-10
铜车軎
M162:2-11
铜泡钉
M162:2-12
铜横末饰
0 1 2厘米

印章

东汉

铜质。龟形钮，印面方形，体较厚，印面阴文篆书“张〇私印”。印体边长1.2、通高1.6厘米

印章

东汉

铜质。桥形钮，印面方形，印体较薄，印面阴文篆书“韩義”。印体边长1.5、通高1厘米

印章

东汉

铜质。龟形钮，印面方形，体较厚，印面阴文篆书“满胜之印”。印体边长1.4、通高1.3厘米

铜手镯

东汉

直径12厘米

顶针

东汉

直径1.5、宽1.1厘米

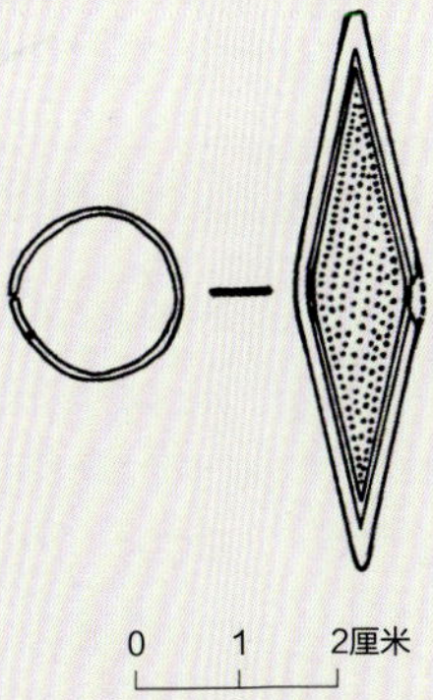

M134:1 铜指环

顶针

东汉

直径1.7、宽0.2—1.2厘米

带钩

东汉

通长11厘米

带钩

东汉

通长7厘米

带钩

东汉

通长10.9厘米

带钩

东汉

通长7.6厘米

带钩

东汉

通长7.7厘米

铜镜

东汉

直径12、厚0.5厘米

铜镜

东汉

直径11.6、缘厚0.6厘米

铜镜

东汉

直径11.9、缘厚0.5厘米

铜镜

东汉

直径11、缘厚0.5厘米

"位至三公"镜

东汉

直径9.8、厚0.1厘米

货布

新莽

通长5.8、厚0.2厘米

带钩

魏晋

通长12.2厘米

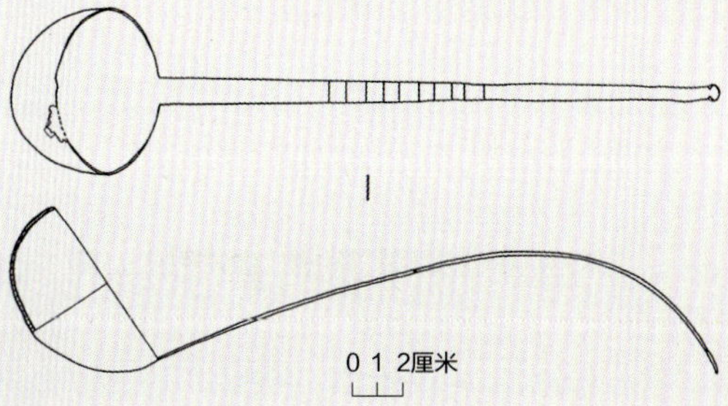

铜勺

唐代

直径6.7、柄长19厘米

铜勺

唐代

直径8、通长24厘米

发簪

唐代

长13.2、宽2.8厘米

海兽葡萄镜

唐代

直径13.6、厚0.9厘米

葵口铜镜

辽金时期

直径12、缘厚0.2厘米

“家常富贵”镜

辽金时期

直径15.7、厚0.4厘米

佛教故事镜

元代

直径15.2、厚0.7厘米

大元通宝（八思巴文）

元代

钱径4.2、穿宽1.2、厚0.3厘米

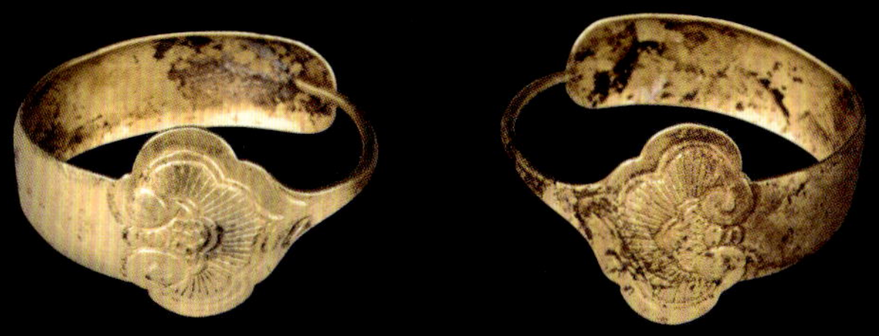

金耳环1对

清代

长2.4、宽1.5厘米

金扁方

清代

通长16.6、宽2.4—2.6厘米。背面錾刻“萬金原”

银簪

清代

通长16.7、宽0.9—1.6厘米

银质指甲套1对

清代

通长10.5厘米

第四节

玉石骨角器

盘龙石砚

东汉

直径16、通高14厘米

研磨器

东汉

直径2.7、通高2.6厘米

研磨器

东汉

直径3.5、高2.9厘米

研石

东汉

长11.2、宽5.5、厚0.6厘米

研石

东汉

长12.3、宽6.1、厚0.44厘米

石蟾蜍

东汉

长1.8、通高1.2厘米

石案

东汉

长76.5、宽70.5、通高13.5厘米

琉璃耳铛

东汉

直径0.9—1.5、通高2厘米

串饰

东汉

玉带

元代

玉牌

清代

长5.6、宽3.7、厚1.3厘米。

背面刻“窦老独高义，佳〇送万程”

白玉牌

清代

长5.5、宽4.5厘米

白玉饰件

清代

长4、宽2.2厘米

白玉饰件

清代

长3.4、宽1.6厘米

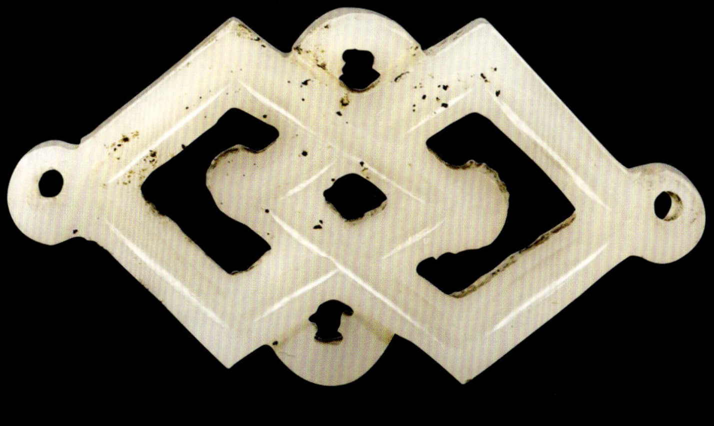

白玉饰件

清代

长3.5、宽1.2—1.3厘米

白玉镯2件

清代

直径7.6厘米

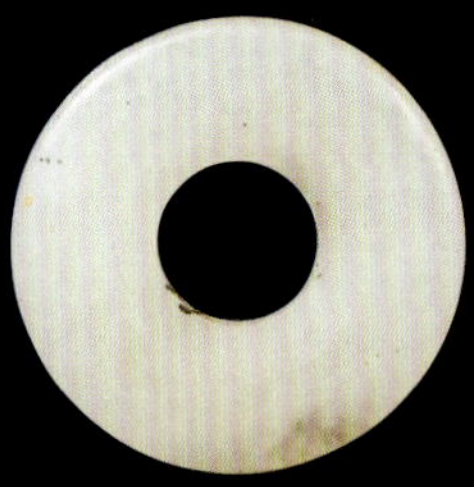

玉佩2件

清代

直径2.4厘米

玉戒指

清代

直径1.8厘米

玉佩2件

清代

直径1.9厘米

翡翠手镯2件

清代

直径7.5厘米

翡翠戒指

清代

直径2.1厘米

翡翠戒指

清代

直径2厘米

料饰

清代

长4.2、宽3.2厘米

玛瑙戒指

清代

直径2厘米

坠饰4件

清代

长2.2—3.1、宽1.1—1.7厘米

骨质算筹

东汉

长4.3—13.9、直径0.3厘米

骨簪

东汉

直径0.5、通长11.5厘米

骨梳

唐代

长8.7、宽5.4厘米

骨簪

唐代

簪首宽2.3、簪尾宽0.6、通长24.4厘米

附录

北京城市副中心考古工作大事记

从2015年下半年至2017年底，北京城市副中心考古与文物保护工作从积极筹备到全面开展、紧张进行，一直得到了学界专家的倾心指导、各级领导的全力支持、相关部门的充分配合。这些都将与实际的考古勘探、发掘、保护工作，一同成为副中心建设中的历史见证。

2015年9月30日，北京市文物局、北京市文物研究所召开专题会，研究副中心地块范围内考古调查、勘探事宜。

2015年10月2日，北京市文物研究所组织考古勘探队伍进场，开展考古调查、初步勘探工作。

2015年10月8日，北京市文物研究所组织山西省考古研究所、山西大学、天津市文化遗产保护中心三家具有考古团体领队资质的单位对项目占地范围内的南部树林、耕地区域进行考古勘探，至2015年11月15日勘探结束，勘探面积40万平方米，未发现古代文化遗存。

2015年10月10日，北京市文物局舒小峰局长主持召开副中心考古工作专题会，由北京市文物局文保处组织成立北京行政副中心项目协调小组，由王玉伟处长负责，北京市文物研究所同时也成立北京城市副中心项目工作队，由郭京宁副所长负责。

2016年2月26日，白岩所长、郭京宁副所长、魏永鑫、曾祥江、尚珩等工作人员实地查看副中心工地勘探区域。根据地层情况提出考古勘探标准：勘探深度不低于5米，孔距不大于1.2米。

2016年3月3日，北京市文物局舒小峰局长带队到指挥部研商考古勘探事宜，并到工地现场视察。陪同人员有白岩、郭京宁、刘风亮、曾祥江、王建东、尚珩等。

2016年3月10日，原北京市陈刚副市长视察考古现场，北京市文物局舒小峰局长等同志陪同。

2016年3月18日，专家白云翔、赵福生、杭侃对市委区域的考古发掘工地进行验收。陪同人员有北京市文物局于平副局长、李粮企、刘海宁；文研所白岩所长、郭京宁副所长、魏永鑫、刘风亮、曾祥江、孙峥、尚珩以及通州文委、文管所人员。

2016年3月20日，北京卫视《这里是北京》栏目记者7人入住庙上村驻地，全程跟拍考古勘探、发掘工作现场。

2016年3月22日，北京市文物局舒小峰局长来现场调研。陪同人员有文物局王玉伟、刘海宁、李粮企；文研所白岩、郭京宁、刘风亮、尚珩。到指挥部协调考古勘探发掘时间及进度，指挥部出席人员有郑智勇、陈宏达、陆春雷、李敬贺。

2016年3月24日，北京市文物局舒小峰局长来视察工地。陪同人员有王玉伟、黄威、李粮企；通州文委文管所；文研所白岩、郭京宁、魏永鑫、王建东、董育纲、尚珩。北京大学夏正楷、岳升阳教授及学生们到东侧委办局、市委区域考古工地采集地层剖面。

2016年3月25日，上午，原北京市王安顺市长视察考古工作。北京市文物局舒小峰局长带队协调通州考古工作站，参加人员有黄威、王玉伟、李粮企、刘海宁、白岩、郭京宁、董育纲、刘风亮、王宇新、尚珩以及通州文委。

2016年3月28日，白岩所长、郭京宁副所长、刘风亮、尚珩到市委发掘区检查工作。

2016年3月29日，北京市王宁副市长到东侧委办局考古工地视察工作。陪同人员有舒小峰、王玉伟、李粮企、刘海宁、白岩、郭京宁、董育纲、刘风亮、尚珩。

3月31日，社科院考古所张旭到东侧委办局区域进行人骨鉴定。白岩所长、郭京宁副所长、魏永鑫、刘风亮、尚珩检查东侧委办局、市政府勘探发掘工作。

2016年4月5日， 专家信立祥、赵福生、吴家安到A6、A7地块考古发掘现场进行阶段性验收。对东侧委办局、市委发掘工地进行验收。陪同人员有刘海宁、白岩、郭京宁、魏永鑫、曾祥江、孙峥、金和天、刘红艳、王建东、董育纲、孙勐、尚珩。对M192墓室内残存壁画进行全光谱摄影。

2016年4月8日，北京市政协吉林主席、原北京市陈刚副市长考察副中心考古现场。陪同人员有舒小峰、刘海宁、白岩、尚珩。

2016年4月14日，原北京市人大主任杜德印视察考古现场及出土文物。舒小峰、李粮企、刘海宁、白岩、董育纲、曾祥江、王建东、刘风亮、尚珩等人陪同。

2016年4月17日，专家冯立昇到A6、A7地块考古发掘现场对出土器物进行研究。

2016年4月26日，山东省文物考古研究所郑同修所长到A6、A7地块考古发掘现场进行指导。

2016年5月18日，专家赵福生、靳枫毅、乔梁到A6、A7地块考古发掘现场进行阶段性验收。

2016年5月22日，原通州区区委书记杨斌到A6、A7地块考古发掘现场视察。

2016年5月25日，北京市文物局舒小峰局长到A6、A7地块考古发掘现场视察。

2016年7月2日，白岩所长与考古领队刘风亮、曾祥江开始路县故城城址的考古调查与勘探。

2016年7月9日，开始对路县故城城址东城墙北段进行试掘。

2016年7月12日，路县故城城址的四面城墙全部确认。

2016年7月14日，专家刘庆柱、王子今、信立祥到A6、A7地块考古发掘现场进行指导。

2016年7月23日，路县故城城址内北部的道路进行考古试掘。

2016年10月11日，专家郁金城、李华、董琦到A6、A7地块考古发掘现场进行阶段性验收。

2016年12月13日，国家文物局副局长宋新潮等到路县故城遗址考察。

2016年12月23日，专家徐光冀、信立祥、白云翔、夏正楷、胡东波、杨小林、蔡蕃、汪勃到路县故城遗址考察，并举行专家论证会，全面讨论了该城址的文物价值。

2016年12月26日，专家李毓芳、王子今和刘瑞到路县故城遗址指导。

2017年2月20日，国家文物局局长刘玉珠等到路县故城遗址考察。

2017年2月24日，中国共产党中央委员会总书记、中共中央军事委员会主席、中华人民共和国主席、中华人民共和国中央军事委员会主席习近平等到通州副中心指挥部参观并考察了展览。

2017年2月28日，邀请专家徐光冀、刘庆柱、信立祥、白云翔、高崇文、陈星灿、赵福生、魏坚、郑同修、吴小红、李政、韦正，举行论证会。

2017年3月15日，徐光冀、李伯谦、高崇文、赵化成、赵福生五位专家到路县故城遗址进行考察和指导，并召开考古勘探遴选会。

2017年4月11日至12日，“2016年度全国十大考古新发现”评选并揭晓，

"北京通州汉代路县故城遗址"当选。

2017年4月13日，北京市文物局局长舒小峰到路县故城遗址发掘现场考察。

2017年4月15日，原北京市市委副书记、市长蔡奇到路县故城遗址发掘现场考察，并要求尽快编制遗址保护、遗址公园和博物馆规划，传承好历史文化。

2017年4月18日， 专家靳枫毅、赵福生、乔梁到A6、A7地块考古现场发掘进行验收。

2017年5月9日，河北省文物局、河北省文物研究所到路县故城遗址发掘现场考察。

2017年6月2日，专家吴家安、赵福生、李华到潞城镇棚户区改造一级开发项目D-02地块进行指导验收。

2017年6月9日，北京市文物局老干部到路县故城遗址发掘现场考察。

2017年6月10日，"2017文化和自然遗产日"路县故城遗址分会场对社会公众开放。

2017年6月12日，北京市宣传部部长杜飞进考察路县故城遗址。

2017年7月10日，国家文物局副局长刘曙光等到路县故城遗址考察。

2017年7月28日，北京市机构编制委员会办公室到路县故城遗址发掘现场考察。

2017年8月31日，南京市文物局到路县故城遗址发掘现场考察。

2017年9月6日，专家陈平、赵福生、李华到潞城镇棚户区改造一级开发项目B-13地块进行指导验收。

2017年9月13日，首都博物馆部分工作人员到路县故城遗址考察。

2017年9月19日，北京市组织部到路县故城遗址发掘现场考察。

2017年9月20日，北京市政协副主席李士祥等到路县故城遗址考察。

2017年10月13日，北京大学考古文博学院师生到路县故城遗址发掘现场考察。

2017年10月23日，北京市旅游发展委员会到路县故城遗址发掘现场考察。

2017年11月1日，专家信立祥、岳升阳、乔梁到路县故城遗址发掘现场指导。

2017年11月9日，北京市文物局副局长于平等到路县故城遗址发掘现场考察。

2017年11月16日，"考古现场出土遗存提取保护新技术研讨会"的与会人员在路县故城遗址考古工地进行了瓮棺现场加固、提取技术的演示操作。

后记

不忘初心，牢记使命。作为北京市的考古科研单位，作为考古工作人员，保护好、发掘好、研究好和利用好北京市的地下文物，就是我们炽热的初心，就是我们肩负的使命。北京是五朝古都，悠久的历史和灿烂的文化享誉世界。除了金碧辉煌的故宫、绵延雄伟的长城等地上人文景观，北京还蕴藏着大量丰富多彩的地下文物宝藏，从数十万年前的周口店北京猿人，到距今约四百年的明神宗皇帝的陵寝玄宫，也都是家喻户晓。

北京城市副中心的规划和建设，是国家战略、千年大计，是古都北京在新形势下进一步发展的关键。如何在新的建设中保护好地下文物，如何真正发掘、传承和弘扬优秀的历史文化，是我们考古工作的关键。一年多来，在副中心的建设区域，考古工作者坚定信念，坚守岗位，坚持不懈，撸起袖子加油干，不惧酷暑严寒，不怕烈日冰雪，夙兴夜寐，披星戴月，白天在工地现场挥洒汗水、东奔西走，晚上在工作桌前修修补补、写写画画。从很大程度上来讲，考古专业人员必须具备相当的知识、掌握相应的技术、深谙相关的理论，能够将理论与实践相结合，脑力劳动和体力劳动相结合。此外，还需要考古工作者个人情感的投入，也就是将考古视为毕生追求的一项事业，有着强烈而执著的热爱。确实如同习近平总书记指出“要像爱惜自己的生命一样保护好城市历史文化遗产”的那样。可以说，在副中心的考古中，我们见到了一位位将知识、技术、理论和情感充分结合的考古工作者。

我们的辛苦和努力没有白费，发现了通州地区最早的城址，发掘了3000余座战国至明清时期的墓葬，找到了通州历史与文化的根基，这在通州地区的考古中尚属首次。

我们的辛苦和努力没有白费，得到了考古学界的认可，来自中国社会科学院考古研究所、中国国家博物馆、中国文化遗产研究院、北京大学、中国人民大学等国内一流院所的一流专家均给予了肯定和好评。并且，通州区汉代路县故城遗址考古获得了“2016年中国十大考古新发现”的殊荣，这在北京地区的汉代考古中尚属首次。

我们的辛苦和努力没有白费，得到了北京市市委和市政府的重视，新发现的汉代路县故城城址整体原址保护，建设遗址公园，并配套建设博物馆和考古工作站。关切之深，支持之大，布局之广，投入之多，这在北京地区的大遗址保护中尚属首次。

一年多来，我们一直在奋斗，很多事情还没有来得及思考。不过，有一点，我们有着深刻的认识，就是考古事业、文物事业需要政府的支持和理解，需要公众的支持和理解。我们之所以能够坚持，很大程度上来自于国家文物局、北京市委、市政府以及公众在政策、资金、舆论等多方面的有力支持！

一年多来，我们一直在奋斗，很多事情还没有来得及回味。不过有一点，我们有着深入的体会，就是考古是一项事业，我们无法考量一时的利弊，也无法计较个人的得失。

一年多来，我们一直在奋斗，很多事情还没有来得及憧憬。不过，有一点，我们有着深切的期待，就是未来的北京城市副中心必定会建成一个和谐美好的家园，而未来的首都地下文物保护事业必定会发展为一个世所瞩目的榜样。

在我们编写这本图录期间，北京城市副中心的考古工作依旧在紧张、火热地进行之中，又经历了一次天寒地冻与春暖花开，我们的初心未改，我们的职责未变，我们任重而道远！

最后，对全力指导副中心考古的北京市委、市政府、国家文物局、北京市文物局、通州区文化委员会等致以诚挚的感谢；对全力支持副中心考古的北京城市副中心行政办公区工程建设办公室、北京城市副中心投资建设集团有限公司（原北京新奥集团）等致以诚挚的感谢，对全力帮助副中心考古的中国社会科学院考古研究所、中国国家博物馆、北京大学考古文博学院等致以诚挚的感谢；对所有参加副中心考古的来自全国各地的工作人员致以诚挚的感谢！

科学出版社闫向东副总经理、吴书雷副编审为本书的策划、编排和出版倾心倾力，在此致以衷心的感谢！

本书编辑委员会

2018年3月1日